# シン・日本の経営
## 悲観バイアスを排す

ウリケ・シェーデ
渡部典子 訳

JN249701

日経プレミアシリーズ

# はじめに

外国人として来日するたびに、奇妙な認知的不協和に見舞われる。一方では、日本は素晴らしい場所だ。清潔で安全な都市、優れたインフラ、親切で思慮深く振る舞う日本の人々。もちろん食べ物も絶品で、すべてが素晴らしい。ニューヨークやカリフォルニア、私の母国であるドイツと比べても、日本の都市はよく整備され、国民の健康状態は相対的に良好で(医療制度が充実)、貧富の差はかなり限定的だ。無論、裏側では社会のひずみが燻り、所得や生活状況の格差が拡大しつつある。しかし全体的に見れば、他の国々と比べて日本はきわめて安定的で、きちんとした魅力的な社会といえる。

その一方で、日本の友人や知人と話をすると、自国への不満を口にする人が多い。実際に、日本人にありがちな自虐的な行動特性を割り引いて考えても、悲観論が渦巻いている。日本経済は「失われた30年」を経て、人口減少と高齢化、政府債務の増大、生産性の低下、地方の過疎化などに直面し、日本はもう「駄目だ」というのだ。

どういうわけか、過去30年にわたって「斜陽」で「停滞」した日本、「失われた30年」、「ジャパン・パッシング」といった話がまことしやかに語られてきた。各国の研究者は日本を邪険に扱い、特にアメリカではジャーナリストやメディアが日本には4つの奇妙な特徴があるという物語を仕立て上げた。①日本は年寄りだらけである。②日本はイノベーションを起こせない。③日本はロボットで溢れ返っている。④日本人は変なことをする（メイド喫茶、猫カフェ、人形との結婚といった奇行の数々）。これが今日の日本を正しく表しているとは、私には思えない。

しかし、日本の新聞もこの否定的な論調に加担してきた。たとえば、霞が関の官僚が「日経不況」と呼ぶように、毎週月曜日の朝刊は特に悲観的な見出しが多く、今週もまた良くないのかと世間の人々は思うようになる。問題は、外国語が瞬時に翻訳される今日では、こうした日本発の悪いニュースがまたたく間に世界中を駆け巡っていくことだ。

同じ話を繰り返し聞かされれば、たとえそれが真実でないとしても、次第に社会通念になっていく。実際には、日本のビジネスは世界に後れをとっておらず、30年間ずっと停滞してきたわけでもない。事実を見つめ、データを比較し、事業戦略を分析すれば、日本のビジネスが停滞どころか、再出発の準備をしてきたことがわかる。そろそろこの変革を解析すべき頃合いだ。本書では「停滞する日本」ではなく、「変貌を遂げて再浮上する日本」に目を向けたい。

日本が世間で言われるよりもはるかに強い理由は、日本企業の再興が進行中であり、グローバルな最先端技術の領域で事業を展開する機敏で賢い企業が新たに出てきたことにある。こうした企業の多くは最終製品ではなく、素材や部品などの中間財を製造している。消費者は日本の中間財の技術や生産設備の重要性に気づいていないことが多い。この新しいビジネスの強みを「ジャパン・インサイド」と呼びたい。それは陰に隠れているが、きわめて強力だ。

人目につかないことに加えて、日本の再浮上の第2の側面は、その進捗が遅いことだ。そのため、時にはイライラが募り、無能だと誤解されることさえある。しかし、**遅いからといって停滞しているのではない**。むしろ「遅い」のは、社会に損害を与えずに21世紀に向けて変革するという課題に臨むために、トレードオフがある中で、政治家、官僚、企業の上層部、多くの従業員や親たちが行った**意図的な選択**によるものなのだ。

成長の鈍化、高齢化と人口減少、進歩を妨げる複雑すぎる手続きや規制など、現在の日本に関する手厳しい指摘は確かに当たっている部分もある。昭和の「おじさん」経営者の古臭い考え方、伝統的な社会様式、硬直化した雇用構造は大きな課題だ。政府債務が過度に膨らみ、先見性のあるリーダーや目標に向かって突き進む若者が不足していることなど、確かに日本は独自の問題をいろいろと抱えている。

しかし、そうした課題だけを見ていくと、当惑せざるをえない。日本が本当に「失われた30年」に苛まれてきたとすれば、なぜいまだにGDP（国内総生産）で世界3位の経済大国なのか（直近のデータではドイツに次いで第4位だが、順位の低下は円安による為替レート変動の影響が大きい）。日本企業の海外生産ネットワークは急成長を遂げているが、そうした国外での活動はGDPに含まれない。また、日本の人口規模は世界で12番目だが、それでも世界3位の経済大国である。そうだとすれば、何かがうまくいっているに違いないのだ。

本書では、日本でうまくいっていることを主に考えてみたい。大リーグにとどまり続けている日本の成功企業はどんな顔ぶれで、どこにいるのか。どのように昭和の経営から令和の経営へと転換したのか。なぜ最先端の領域でイノベーターとして力強く競争できるのか。また、シン・日本企業の戦略と企業カルチャーの変革マネジメントについて、成功企業からどんなことを学べるのか。

この研究プロジェクトに私が着手したのは2010年に遡る。幸運にも、日本政策投資銀行（2008年に株式会社となった）設備投資研究所の下村フェロー（海外客員研究員）として招かれたのだ。プロジェクトの目的は日本の高収益企業を研究することにあった。当時の日本は1995年から2005年にかけて、金融危機、記録的な倒産、自殺者の増加など深刻な社会問題という非常に困難な10年を乗り越えたばかりだった。2005年頃から「小泉ブーム」で新たな希望が芽生えたが、2008年のリーマン・ショックとともに、このブームは突然終わった。そこで、2010年時点で、どのような企業が、どのように利益を上げているのか、改革のために何をしたのかを探ろうと、上場企業の営業利益率のデータを使ってランキングを作成してみた。

リストの上位には、日本人でさえあまり聞いたことのない企業名がずらりと並んでいて目を見張った。キーエンスやファナックなど、すぐに思い当たる有名企業はわずかにすぎない。大多数は、上場しグローバル化している大企業ではあっても、知名度が低かった（詳細は第4章で取り上げる）。これには興味をそそられた。

それ以後、数年にわたって、何度も日本を訪れては、成功企業に挙がった数社の経営者にヒアリングを行った。こうした会合を重ねるうちに、これらの企業に7つの共通点があることがわかった（英語の頭文字をとって「7P」と呼ぶことにする）。そのうちの1つが「ジャパン・インサイド」メーカーになる戦略であり、グローバル・バリューチェーンできわめて重要な市場セグメントに特化して、技術リーダーになるというものだ。こうした企業は特定の中間財や部品市場で大きなシェアを持ち、価格決定権を握っていた。つまり、言い値で取引ができるから、「収益性の高い企業」リストに入っていたのだ。経営者たちの話を聞けば聞くほど、その経営スタイルが、昭和の高度成長期の伝統的な日本企業とはまったく異なることがわかってきた。そこには、21世紀の日本のための新しい勝利の戦略があったのだ。

２０１０年代後半になると、日立、富士通、ソニー、パナソニック、ＮＥＣ、ＮＴＴデータなどの大企業を含めて、再生に向かう日本企業が増えていった。そのトレンドを見るうちに気づいたのは、こうした企業がグローバル・インフラ、バリューチェーン、製造にとって不可欠な一連の重要な中間財、機械、システムで技術リーダーシップを発揮するという新戦略をとっていることだ。また、社内に目を向けると、両利きの経営を展開する組織を構築し、企業カルチャーの変革を進めていた。日立製作所などいろいろな企業が昭和時代のコングロマリット（非常に多様な複合企業）から脱却し、より特化型の機敏な技術リーダーへとピボット（方向転換）を始めていた。選択と集中から始めて企業カルチャーの変革やオープンイノベーションに次第に関心を持ち、優秀な人材を獲得し登用するために新しい組織を設計していたのだ。

本書はこの研究成果をまとめたものだ。前著『再興 ＴＨＥ ＫＡＩＳＨＡ』（日本経済新聞出版、２０２２年）と一部重なるが、大きく異なる点もある。前著は日本の最新情報を知りたい投資家やビジネスパーソンなどアメリカ人向けだったのに対し、本書は日本人向けに執筆したものだ。一部の用語を変更し、国の文化、企業カルチャー、日本企業の事業戦略、イノベーションなどの側面に主眼を置いた。

本書を通じて、私が何よりも払拭したいのは、日本はもう終わりだとする考え方だ。そんなことはない。日本企業は**力強く、機敏で、賢い新タイプのプレイヤーとして再浮上している**。世界の製造やインフラ・システムに欠かせない多くの中間財や市場で、世界リーダーとして復活を遂げつつある。

しかし、なぜこの変革に30年もかかったのだろうか。ゆっくりと「ジャパン・インサイド」へ移行する形は、日本社会の好みを反映した特定の選択に基づくものだ。とりわけ日本の「タイトな文化」に照らせば、その選択は合理的かつ妥当だと見ることができる。日本社会にとって、遅いことは安定と秩序ある進め方の代償であり、それが強みになることもあるのだ。

ますますＶＵＣＡ（変動性、不確実性、複雑性、曖昧性）になっていく世界で、急速な経済成長よりも社会の安定をとることで、日本は何らかの新しい先駆者になれるだろう。経済大国としてではなく、二酸化炭素排出量を削減し、おそらくは人口減少の中でも、新たな気候変動対応を考案して世界を主導する国として。少ないほうがより豊かで、少ないほうがより良いのかもしれない。日本はスピードと安定、お金と意義、あるいは、利益と目的の間で独自の落としどころを見いだしている。

＊＊＊

本書の執筆に際して、多くの機関や人々に支援と協力をしていただいた。忙しい合間を縫って自社の戦略転換について語ってくれた多くの経営者や幹部に感謝している。本書で示した見解と、その他の誤りはすべて私個人に帰するものである。

カリフォルニア大学サンディエゴ校のグローバル・ポリシー＆ストラテジー・スクールでは、日本の官公庁、企業、銀行から来た優秀な日本人留学生と長年にわたって交流する機会に恵まれた。彼らとの交流や授業は、ビジネスや政策の変遷を観察するのに役立った。また、日本の企業、シンクタンク、大学、一般社会における多くの友人、同僚、協力者にも感謝している。

本書は日本の読者向けに書き下ろしたもので、英語版は出版されていない。日経BP日経BOOKSユニットの田口恒雄さんと、私の考えを日本語で適切に表現してくれた翻訳者の渡部典子さんに謝意を表したい。

なお、本文中では敬称を略させていただいたことをお断りしておく。

2023年12月、サンディエゴにて

ウリケ・シェーデ

【本書のメッセージ】　再浮上する日本には希望がある

✠日本は世間で言われるよりもはるかに強い。日本企業は力強くよみがえりつつある。悲観バイアスを持つ人々は、市場や経済がどのように機能すべきかについて米国経済を基準に考えているが、日本は独自の論理で動いている。

✠1990年代から2010年代は「失われた時代」ではない。産業構造または企業経営とその戦略が大きく変わるシステム転換期といえる。

✠遅いのは停滞ではない。日本の先行企業は改革を重ねて現在、再浮上している。「遅い」のは、安定と引き換えに日本が支払っている代償である。

✠日本企業が世間で言われるよりもはるかに強い理由は、「ジャパン・インサイド」にある。グローバルな最先端技術の領域で事業を展開する機敏で賢い企業が新たに出てきたのだ。

✠技術の最前線で競争し、飛躍的イノベーションに貢献する方向へと進む行動変革の道筋を、技のデパート＝「舞の海戦略」と呼ぶことにした。

✠シン・日本企業は収益性が高く、戦略、企業カルチャー、リーダーシップなどで共通する7つの特徴がある。

✠「タイト・ルーズ」理論を使うと、日本の変革が「タイトな文化」の中で起きていることが理解しやすくなる。日本企業は「ルーズな文化」のアメリカとは異なる形で変革してきたのだ。

✠日本の企業カルチャーの中心には3本柱がある。「3つのうち2つ」という原則を使えばタイトな文化の中でも前進が可能になる。また、「LEASH」という新たな枠組みのもとで、タイトな文化の国において企業カルチャーの変革を成功させる方法が理解できる。

✠シリコンバレーやユニコーンなどは日本のイノベーションのお手本にはならない。日本独自のスタートアップ創出の試みが注目される。

✠VUCA（変動性、不確実性、複雑性、曖昧性）時代においても、日本は経済的な繁栄、政治の安定、社会の結束とのバランスを保ちながら、未来に向けた新しいビジョンと自信を持って新しいモデルへの道を歩んでいくことができる。

# 目次

## 第2章 2020年代は変革の絶好の機会である

## 第9章

# 第1章

# 再浮上する日本

この章では、本書で取り上げる論点と内容を紹介したい。また、第2章以降の概要を説明する。

本書の中心的な命題は、日本企業はフォロワー（追随者）としてではなく、技術リーダーとして再浮上しつつある、ということだ。過去30年間は「失われた時代」というよりも、「技のデパート」と言われた元関取を彷彿とさせる戦略（名付けて「**舞の海戦略**」）をとるための抜本的な企業変革の期間に見える。先頭を走ってきた日本企業は、複雑な製品や技術という川上領域に進出し、いまや必須となっている製品のグローバル・バリューチェーンの重要機能を席巻している。それによって、日本は**技術面で強いポジション**を獲得し、東アジアにおける貿易の要を担える立場にあるのだ。

1950年代から1980年代まで、日本は30年かけて製造技術の面で欧米に追いついた。そして今、最先端技術で競争するために、飛躍的イノベーションの新体制に向けてピボット（方向転換）している。そのために必要なのは新しい戦略、イノベーションの手順、企業カルチャーの変革であり、新しいコーポレート・アイデンティティを創出することだ。この変革は20年以上前から始まり、その成果が今、目に見える形で表れてきている。日本企業は**賢く機敏かつユニークなプレイヤーとして再浮上し**、それに応じてグローバル・イメージも変わりつつある。

この変革スピードの遅さは、日本のリーダーの意図的な選択によるものであり、そこには日本社会の好みが反映されている。あえてゆっくりと変わる利点は、社会に与える大きな打撃がより軽減されることにある。他方、この安定に対して日本が払ってきた代償は、低成長が長期化することだ。しかし今、日本は比較的平等な社会で、失業者も少ない、新しいプレイヤーとして台頭している。**遅いことは停滞ではない。それは相違点にすぎず、日本の強みになりうるのだ。**

## 1　技術リーダーとしての日本

過去30年もの間、世界は日本についてもっぱら悪いニュースを耳にしてきた。これほど長きにわたれば、否定的な報道が習慣化してしまう。たとえ良いニュースでも、たいてい最後はうまくいかなくなる可能性を匂わす警戒の言葉で締めくくるようになるのだ。たとえば、2023年5月、ウォーレン・バフェットが日本株への強い投資意欲を示し、日経平均株価は1990年代のバブル崩壊以来の高値をつけた。新聞はこの出来事を説明しながら、これ

図表1　2022年の国別GDPランキング

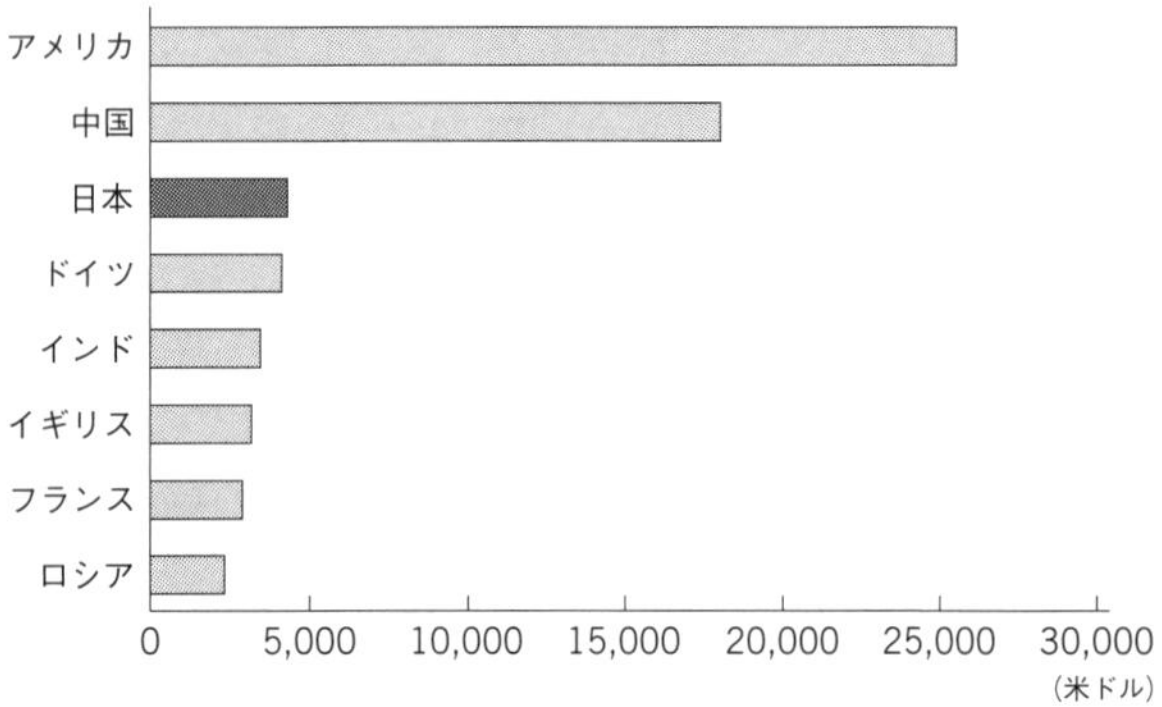


資料：世界銀行のデータを用いて筆者が作成。https://data.worldbank.org/indicator/NY.GDP.MKTP.CD?most_recent_value_desc=true

は一時的かもしれないし、危険性もあると直ちに警告した。それはそのとおりだが、そのせいで後味が悪くなり、せっかくの良いニュースも悪いニュースに変わってしまう。日本人は（世界も）、悪いニュースばかりを予想し、良いニュースを純粋に楽しめなくなっている。あるいは、良いニュースを聞いても、それは本当なのかとすぐに疑ってかかる。悲観バイアスは非常に根強いので、本書についても、多くの読者が同じような感想を抱いているのではないだろうか。

当然ながら、どの国でも悪いニュースには事欠かない。日本の場合、１９８０年代のウォークマンのように、大衆向けの「ヒット商品」を発明したのは遠い昔だとされる（近年でも、ソニーのプレイステーションや任天堂のＷｉｉ、ユニクロのヒートテックなどの成功例はあるが）。深い階層構造とのろのろした手続きにどっぷりはまっている企業が多い。変われない、あるいは、変わりたくない上司の手で、新しいアイデアは往々にしてつぶされてしまう。不毛な会議は時間の無駄であり、特に昭和時代のようなＯＪＴ（オン・ザ・ジョブ・トレーニング）はますます時代遅れになっているようだ。

しかし、30年間もこうした悲惨な状況が続いてきたとしたら、なぜ日本はいまだに世界屈指の経済大国なのか。すでに述べたように２０２３年時点で、日本は人口規模では12位、国土の広さは62位にすぎず、「失われた」30年も経験してきた。それでも日本は世界第３位の経済大国だ。しかも、ＧＤＰは日本の活動全体を捉えたものではない。日本の多くの製造業の企業は、また最近では銀行や保険などサービス業の企業も海外拠点を持っているからだ。過去30年間で、欧米や東南アジアへのＦＤＩ（海外直接投資）を着実に拡大してきた。

日本が世界経済を牽引する立場を維持している主な理由は、何といってもグローバルな技術リーダーであるからだ。意外に思う人もいるかもしれないが、これにはデータの裏付けがある。ハーバード大学グロースラボの「経済複雑性ランキング」（図表２）を見ると、日本は過去30年にわたって世界第１位だ。これは世界各国の「生産的知識」をランキングにしたも

図表2　世界の経済複雑性ランキング

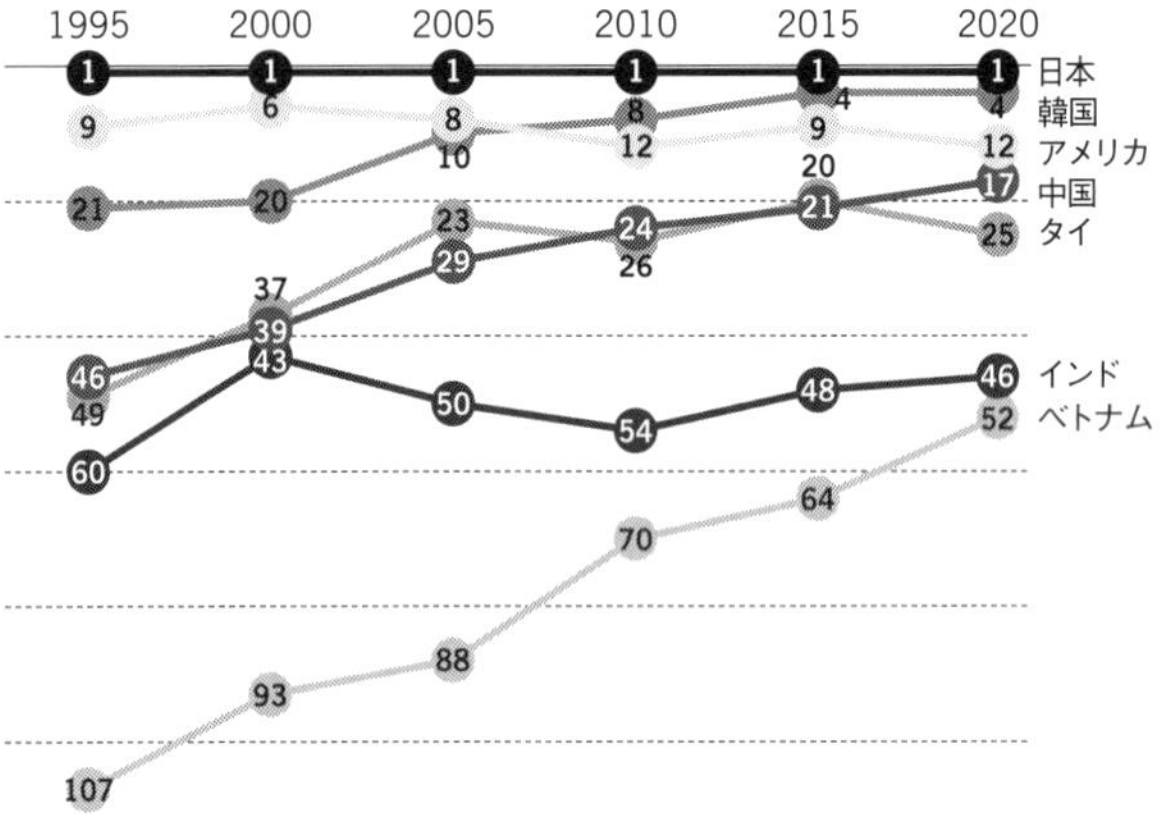


資料：ハーバード大学グロースラボの「Atlas of Economic Prosperity」のデータをもとに筆者が作成

ので、2つの指標に基づいている。1つ目は、その国の輸出品の多様性と複雑性だ。2つ目が製品の「偏在性」——どれだけ多くの国でその製品をつくれるかだ。シャツのように単純な製品は複雑性が低く、多くの国で生産される。それに対して、高度な機械や素材は非常に複雑であり、つくれる国はごく少数だ。

このように「経済複雑性の高い」国は高度で専門的な組織能力を幅広く保有し、それによって非常に複雑かつ希少で、他の追随を許さない製品を生産することができる。図表2は、アトラスのデータベースから数カ国のデータを抜き出したものだ。上位国をすべて網羅すると線が見えづらいので、ここではスイス（2位）とドイツ（3位）は省いた。このグラフからわかるのは、韓国が1995年の21位から2020年には4位へと急成長したことだ。また、アメリカが過去20年で6位から12位へと後退する一方、中国は46位から17位へ、ベトナムは107位から52位に浮上している。そして驚くべきことに、日本はこの指数の算出期間中1位を守ってきた。

30年にわたる「停滞」の後で、どうして日本が技術面の複雑性と多様性で世界をリードし続けているのだろうか。それは、マクロ経済的にはいくつかの課題を抱えていたが、ミクロ経済的な企業レベルで、日本は長い間、特定の技術分野で中核的な強みを持ち続けてきたからだ。そして今、見えてくるのは日本の先頭ランナーが再浮上する様子だ。こうした企業は新たな戦略と強化された組織能力を持ち、グローバル・バリューチェーンで川上の技術リーダーをめざしてその能力を活用しているのだ。

## 2　20対80の法則――なぜ日本経済はもっと強くないのか

機能不全に陥った企業が数多くあるのに、どうして日本が強力な技術リーダーになれるのかと、疑念を拭いきれない読者も少なくないだろう。それは次の2点で説明できる。1点目は、いわゆる「選択バイアス」だ。前述したように、ほとんどの日本人は悪いニュースに慣れきっており、経済の議論をすると、自動的に不調な企業を思い浮かべ、優良企業を無視してしまう。たとえば、優れた化学品や精密機械の企業、総合商社などB2Bの強いグローバル企業よりも、シャープや東芝などが話題にのぼりやすい。

2点目は、日本経済の現状は「20対80の法則」(パレートの法則)に似ていることだろう。これは、少数のインプットでアウトプットの大部分が説明されるという法則だ。たとえば、日々の営みを見ると、20%の活動が生産性の80%を左右している。通信、航空、ホテルなど多くの業界では、20%の顧客が売り上げの約80%を占める。マーケティングでは、最高の結果を生むのはたいていごく一部の広告だ。

現在の日本経済も20対80の法則が働いているような状態にあり、少数企業が日本の好業績の大きな割合を占めていると見られる。その他多数の企業はそれほど強いわけでも高収益でもないが、先頭ランナー企業は各領域で上位争いをしている。すでに改革を完了させているか、もしくは現在進行中という企業が、今日の成功を牽引しているのだ。しかし、大多数の企業はまだそこまで到達していない。しかも、後れをとった企業が往々にしてメディアを賑わすことになる。

日本が前進するためには、先頭ランナーをよく知り、学ぶことが役立つだろう。願わくは、経済全体で好調企業と不調企業の割合を40対60くらいにすばやく移行させることができるとよい。そのためには、日本の悪いところを見るよりも、どこに強みがあるか自信を持って見極めたほうが役立つ。

「ピボット」（方向転換）という言葉は、バスケットボールの用語を経営に転用したものだ。バスケットボールの試合でピボットする場合、軸足でしっかり立つことで、前に押し出す力を別の方向へと変えていく。同じように、変革のマネジメントではその企業の弱みではなく強みを軸に未来志向のビジョンを支えていくことが重要である。日本経済にも同じことが当てはまるようだ。

## 3　日本企業の再興が増えてきた5つの要因

現在、5つの大きな圧力が働いており、日本経済にとって脅威とみなされることが多い。しかし、これは変革を推し進める機会にもなる。危機感はえてして企業カルチャーの変革や企業刷新のマネジメントを促進するのだ。第2章で、この5つのショックがどのように改革者にとって企業の刷新や変革の機会になるのかを個別に詳しく取り上げる。

## ①VUCAとDX

現在はＶＵＣＡ（変動性、不確実性、複雑性、曖昧性）の時代だ。世界的なショックが起こるペースはどう見ても加速しており、経済の安定が脅かされつつある。パンデミック（世界的大流行）、紛争や戦争、攻撃性が増大し、ポピュリズムが勢いづき、大きな不確実性が生じている。いまや、経済安全保障すら心許ない状況だ。企業にとって常に不確実性は増すばかりだ。技術面で過去との違いは変化の速度とアップグレードにあり、製品ライフサイクルがますます短くなっている。ＤＸ（デジタル・トランスフォーメーション）とは、生産技術、物流、金融などを根底から覆していく技術的破壊を指す。ＤＸは日本の伝統的な競争優位性（業務管理や高度な教育を受けて細部にこだわる労働者など）を一掃する恐れがある。

しかし、こうしたショックは新たに大きな機会ももたらす。日本が世界の技術リーダーであることを考えれば、深く根差した技術的破壊は、日本企業が最先端領域で技術を形成し規定する絶好の機会といえる。

### ②新しいグローバル競争

東アジアの競合企業の台頭により、日本企業にとっての競争の性質が変化している。新手の競合相手は、日本がかつて消費財の大量生産で競争優位性を構築した方法を模倣し、日本企業を弱体化させてきた。しかし、日本はもはやフォロワーではない。技術リーダーとして、韓国や中国など新たなフォロワーよりも常に先行しなければならない。日本企業にとってはこれもまた最先端のイノベーションに基づく、重要かつ技術的に高度な中間財をアジアの競合相手に提供する新しい機会となる。

### ③新しいコーポレート・ガバナンス構造

昭和時代と比べて、現在では海外投資家や機関投資家など多様な株主が存在する。彼らはより透明性の高い情報開示を求めていることに加えて、収益性も重視している。業績が低迷すれば、アクティビスト（物言う株主）の介入や敵対的買収の脅威にもさらされるだろう。改革者はこの新しい状況を活かして、企業がめざす方向性を効率性、生産性、革新性へと転換し、取締役会で示される新しい知識や助言から恩恵を得ることができる。

### ④労働力不足と新しい雇用形態

労働力不足と現行の働き方改革は、変化の兆しであると同時に、将来の改革の原動力でもある。急速に増えている転職は労働市場に新たな流動性をもたらし、優秀な人材と優良企業とのマッチングが容易になる。社会の変化により、キャリア選択や「良い」雇用条件をめぐる前提が刷新され、若年労働者はより個別化されたキャリアと専門スキルの開発を求めているのだ。

このような要請に対応して、社内起業家や社内探索者を増やすことにより、新しいイノベーション・システムが形成されている。労働力が多様化すれば、より個別化された人事政策も必要となる。ＨＲＭ（人的資源管理）がより専門的かつ戦略的な機能になり始めている企業が多い。

### ⑤昭和モデルのイノベーションの終焉

欧米に「追いつく」昭和時代の目標は見事に達成され、日本は世界経済を牽引し、技術の最前線に立つ国になった。日本はもはや獲物を追いかけるハンターではなく、逃げる側にある。つまり、きわめて多角化されていた巨大企業が漸進的（インクリメンタル）イノベーションに注力した20世紀のビジネスモデルはもはや成功モデルではない。最先端領域でイノベーションを起こすには追う側よりも速く走り、出し抜く必要がある。

昭和時代から、日本では長い間、大企業偏重で企業ランキングが重視されてきた。このため、2023年7月に発表されたフォーチュン・グローバル500社に日本企業が41社しか含まれなかったことは「失敗」とみなされた。確かに、三菱商事が売上高で世界一となった1995年の149社と比べればはるかに少ない。

しかし、世の中では規模の重要性が次第に薄れつつある。資源やスタミナの大きな源泉となるので、規模が物を言うこともあるが、今日の経済においてそれだけでは勝者になれない。実際に、よりアジャイルかつ機敏な人材が働く小規模拠点と技術力が重要になってくる新しい経済に向かって、日本の主要企業は世界を先導しているのかもしれない。

## 4　新たなディープテック戦略

技術の最前線で競争し、飛躍的イノベーションに貢献する方向へと進む動きは、すでに起こっている。日本の先頭ランナーはとうに出揃い、事業戦略、アイデンティティ、企業カルチャーを変えてきた。コモディティ化した製品から脱却して新技術へと移行し、川上への進出や重要な中間財市場を席巻できるようになり、収益性と株価を上昇させた。いまや他社もそれに続いている。本書で取り上げるのはそのような先進企業である。

このディープテック・リーダーシップへのピボットは「舞の海戦略」と呼べるだろう。この名前は1990年代に、世界的に知られる大相撲力士の小錦や曙など巨大な相手を倒した小柄な関取、舞の海に因んでいる。取組において、舞の海の体格は決定的要因ではなかった。**賢く、すばしこい**、要するにアジャイルで機敏だったから勝てたのだ。しかも、舞の海は**誰もが認める技術リーダー**でもあった。少なくとも33種類の決まり手を披露し、その戦略的な洞察力で対戦相手の意表をついたことから、「技のデパート」と呼ばれていた。

舞の海は、日本のビジネスを現在変えつつある戦略転換を思い描くうえで最適な存在だ。第1の要素が「ダイエット（食事制限）」だ。つまり、非中核事業から撤退し、既存の中核事業と新規事業への前向きな拡張に全リソースを集中させる。第2に、既存の中核事業における競争で先行し続けるために、おそらく漸進的イノベーションや業務改善によって「筋肉質」にする必要がある。そして第3に、技術に注力し、最先端技術で新しいスキルや組織能力を獲得するためには、はるかに多くのリスクをとらなくてはならない。舞の海は絶えず新しい技を習得して対戦相手の裏をかいた。日本の先頭ランナー企業もまさに同じことをしているだろう。

第3章では、国立研究開発法人新エネルギー・産業技術総合開発機構（ＮＥＤＯ）および経済産業省が作成した図表を用いて、これらの技（技術）がいかに日本の世界市場シェアの独自パターンを生み出しているかを見ていく。このパターンは図表2の経済複雑性の高さと一致している。つまり、製品の複雑性や多様性に関して、日本企業は製造機械や部品だけでなく、増え続ける他の中間財でも圧倒的な市場シェアを占めているのだ。こうした市場はそれぞれ小さいが、足し合わせれば有力なポジションになる。大企業が1社でこうした市場を複数手掛けている場合もあれば、複数の日本企業が合わせて世界市場を１００％獲得している場合もある。他のアジア諸国はそうではない。このように、多数の小さな中間財市場で優位に立つことは、日本への依存度を高める力となる。というのも、他国は経済活動のために日本からの中間財を必要とするからだ。

それでも疑いを持つ読者は、どの類いの日本企業の話をしているのかと首を捻っているかもしれない。本書では、日本の世界的な役割と貿易の流れがわかりやすい製造業を主に取り上げるつもりだ。現在、日本が特に強いのが先端化学品であり、三菱化学、三菱マテリアル、三井化学、ＡＧＣ（旧旭硝子）、旭化成、信越化学工業、デンカ、ＤＩＣ、東レ、クラレ、東京応化工業など、その顔ぶれは多岐にわたる。たとえば、富士フイルム（旧富士写真フイルム）は映画用など各種画像光学用フィルム、医療用フィルム、医療機器などのグローバル市場リーダーである。ＪＳＲ（旧日本合成ゴム）は、四日市の合成ゴム事業を完全に売却し、半導体製造に使うフォトレジストやエレクトロニクス用ファインケミカルなど先端化学材料に集中した。実際に、ＪＳＲは世界の半導体製造で欠かせない存在となっており、２０２３年6月に、技術の海外流出を防ぐため、政府系の産業革新投資機構（ＪＩＣ）の支援を受けて非上場化した。

鉄鋼部門でも日本は依然として強い。特に最近の業界再編後、日本製鉄とＪＦＥスチールは特殊鋼に多額の投資をしてきた。精密機械やロボットでは、ファナック、村田製作所、キーエンス、オムロン、その他のセンサー製造会社、東京エレクトロンなど強い企業が存在する。ウシオ電機、ＴＨＫ、ダイキン工業は世界で強い競争力を持っている。医薬品では、武田薬品工業、アステラス製薬、小野薬品工業が世界ランキングで上位に入る。自動車メーカーやその系列会社の中にも、もちろん有名企業が存在する。知名度があり、再編を進めているにもかかわらず、日本国内ではとかく過小評価されている企業が少なくない。

ＪＰＸ（日本取引所グループ）日経４００に組み入れられている企業の大半がピボットや再編などを行っている。本書では主に製造業を取り上げるが、他の業界でも同様のパターンが起こりつつある。たとえば、総合商社や多くの物流企業は効率性で世界を概ね先行している。日本のコンビニエンスストアは最も効率的なサプライチェーン・マネジメントで世界的な評判を得ている。ファクトリー・オートメーション（ＦＡ）領域でも日本は強みを持っており、成長分野に数えられる。銀行大手も復調し、特に東南アジアを中心に急速に海外展開を進めている。

ここで取り上げるのはごく一部で、すべての先頭ランナー企業を網羅しているわけではない。しかし重要なのは、該当する企業を探し始めれば、多数見つかることだ。私の情報のほとんどは、日本の新聞を日々読むことで得たものだ。何か違いがあるとすれば、特に明るいニュースに目を向けていることかもしれない。皆さんも視点を変えれば、同じく見えてくるだろう。

「舞の海戦略」にピボットした重大な結果として、技術リーダーシップがあまり目立たなくなったことが挙げられる。製造業では、技のデパートの組織能力は多くの場合、素材や部品など中間財に集中しており、**視認しづらい**。

## 5　ジャパン・インサイド

ウィンドウズOSのパソコンに「インテル・インサイド」と書かれた小さなシールが貼られていた「ウィンテル」時代を覚えている人もいるかもしれない。これは、自分のパソコンにインテル製チップが搭載されていることを消費者に確実に知ってもらうためのインテルのマーケティング戦略だった。今日、私たちは日常生活の中で「ジャパン・インサイド」の表示を見かけることはないが、重要な原材料や部品に日本製が用いられている製品を使わない日はまずないだろう。たとえば、自動車、飛行機、携帯電話、コンピュータ、スマート・サーモスタットから電動歯ブラシまで、ほぼすべての家電が「ジャパン・インサイド」となっている。こうした中間財はたいてい製品をより良くする種類のものだ。より良いディスプレイ、より多くの安全機能、より良い視覚センサー、より良い素材を使ったより高品質の製品、といった具合だ。

こうした中間財はバリューチェーンの最上流に位置することが多いので、専門家でもなかなか評価しにくい。たとえば、半導体や電池の製造には、日本製の素材や精密化学品に100％依存している工程がいくつかある。つまり、ほとんどの半導体や電池には「ジャパン・インサイド」の部分があるということだ。さらに、製造装置も多くは日本で生産されている。このように、「ジャパン・インサイド」はあまねく存在している。図表2で示したように、日本が製品の複雑さと影響力で世界第1位という理由はここにあるのだ。また、この「見えづらさ」は、第1位であることを知って驚く人が多い要因にもなっている。

複雑でつくるのも模倣するのも難しい中間財について、日本への依存度が世界的に高まった結果、多くの日本企業は気づかれないうちにアジアの多くのバリューチェーンの技術的な支柱となってきた。2000年から2020年にかけて、韓国と台湾では対日貿易赤字が拡大し、中国では対韓国と対台湾の貿易赤字が拡大した。つまり、こうした国や地域が中間財や最終製品をつくるために、日本企業のディープテック製品に依存しているということだ。

さらに言うと、この新たなディープテック・リーダーシップはFA、スマートシティ、空飛ぶ車、視覚技術、センサー、ロボティクス、デジタルものづくりとインダストリー4・0

の生産技術や現場管理スキルなど、増え続けるDX産業、製品、サービスで日本企業が先頭ランナーになることに一役買う可能性がある。

## 6 改革と再興が進んだ「失われていない」30年 ——1990年代〜2010年代

2000年代前半のある時点で、日米のエコノミストは1990年代半ばから2000年代初めまでを「失われた」時代とみなすようになった。GDPなどマクロ経済データを見て、日本経済が失速していると考え、個人消費を再活性化させる政策が講じられていないと批判したのだ。この評価は、経済成長こそが国力を示す最重要指標だとする考え方に立つ、特にアメリカの経済学者の特殊な考え方を反映している。しかし、この語られ方はあまりにも視野が狭く、そろそろ改めたほうがよい。

別のストーリーはこうだ。日本が欧米に追いついた後、20世紀末に方向転換期があった。高度な（大人の）技術リーダーとして競争するための新しい方法がまだはっきりしない、ちょうど思春期のような期間だ。東アジアの競争相手との新たな競争は、日本のかつての強みを蝕んでいた。その対応として、日本企業は新しいプレイヤーになるために入れ替えや改革に乗り出した。

世界のビジネス史では、こうした過渡期はごく普通のことだ。実際に、日本がキャッチアップを図っていた１９８０年代に、欧米で同じようなことが起こり、日本企業の登場を受けてアップグレードできない企業の多くが淘汰されていった。たとえば、ソニーやパナソニックがアメリカ市場に参入すると、ＲＣＡやゼニスなどの家電メーカーは競争力を失って倒産に追い込まれた。ドイツでも、ＡＥＧやグルンディッヒなど多くの家電メーカーが破綻している。ゼネラル・エレクトリックからゼネラル・モーターズまで、多くのアメリカ企業がこの新しい競争に対応するのに10年以上を要した。その後、今世紀に入って韓国、台湾、中国が登場すると、日本でも同様の転換が必要になったというわけだ。

１９９０年代から２０１０年代にかけては「失われた時代」でも「停滞した時代」でもない。むしろ、ある種の思春期のようなもので、日本の産業構造が大きく変わるシステム転換期といえる。確かに、困難を伴った。１９９１年にバブル経済が崩壊した後、過剰投資、不良債権、思い上がりによる弊害が露呈し、１９９８年から２００４年にかけての深刻な金融危機は大不況の引き金となった。２００３年までに、日本の企業倒産率は過去最高を記録し、失業と多くの苦しみをもたらした。特に辛酸を舐めたのが中小企業の経営者だ。

当然ながら、「就職氷河期」には大卒者の多くが企業でキャリアを積めず、日本の「X世代」（1960年代半ばから1980年生まれ）とミレニアル世代（1981年から1990年代半ば生まれ）は総じて人生や、特に日本経済に対してかなり暗い見通しを持つようになった。これにより、日本の多くの家庭は社会的苦痛を味わったが、その中にあっても日本企業は決して停滞しなかった。

今日に至る変革の30年は、1990年代に始まった構造改革と法改正によって実現したものであり、昭和モデルから21世紀のシン・日本モデルへとピボットする準備期間となった。橋本龍太郎首相による1998年の金融ビッグバンを受けて、小泉純一郎首相は大規模な改革と規制緩和プログラムを推進した。その後、安倍晋三首相の下で金融・財政・構造改革という3本の矢を掲げた「アベノミクス」が12年間続いた。

この30年にわたる改革も相俟って、日本企業は大きな転換点を迎えた。メインバンクや系列など旧来の経済の支柱は力を失う一方で、株主の発言力と権利が強まり、企業改革では抜本的な戦略変更を進めやすくなった。こうして国内経済は海外からの影響を受けるようになり、終身雇用という形骸化した制度に風穴が開いたのだ。今も継続中の変革もあり、その効果はまだ全企業に波及しているわけではない。

特に企業再興において改革の中心となったのが、組織再編と飛躍的イノベーションに向けた新しい戦略重視を可能にする法改正だ。１９９８年から２００６年にかけて、商法がほぼ全面的に改定され、最終的に２００６年に会社法と金融関連法が施行された。この法改正により、企業は21世紀初頭にビジネスで流行語となった「選択と集中」に取り組めるようになった。要するに、大企業はより戦略的に既存もしくは新たに必要となる中核事業を少数に絞り込み、そこに資源や取り組みをすべて集中させつつ、あらゆる非中核事業から手を引いたのだ。

これらを背景に、社会も変わり始めた。「良いキャリア」の要件定義が変わり、伝統的な「サラリーマン」が唯一の成功の道ではなくなった。中小企業、特にスタートアップでのキャリアや、外国で学位を取得する非伝統的な道が地位を得て、実際に日本の伝統的な「昭和っぽい」企業（Japanese traditional companies：ＪＴＣ）にしがみつくよりも好意的に見てもらえるかもしれないのだ。２０１９年の働き方改革は、特にワークライフバランス、多様性（ダイバーシティ）、包摂性（インクルージョン）などの観点で、他にも多くの変化をもたらした。労働力不足が進んでいることを考えると、人材の交渉力は格段に高まった。

その中で、日本企業は変貌を遂げつつある。新しい「ＫＡＩＳＨＡ」像が生まれ、シン・

日本の経営が結晶化し、変革が目に見えるようになっているのだ。

## 7 なぜこれほど遅いのか――「タイト」文化のトレードオフ

それにしても、なぜ30年もかかったのだろう。この変革の間、日本の歩みは遅々として進まず、欧米人の期待とはかけ離れた展開になった。ほとんどの日本ウォッチャーはたまりかねて、最終的に日本は「失われた」と結論づけたほどだ。

しかし、日本は静かに、着実に、マイペースでこの変革に乗り出していた。このスピード感は、企業が再興を図る一方で、**社会が損害を受けないように計画的かつ慎重に進める意図的な選択**に基づいていると、私は見ている。ゆっくりペースの善し悪しはわからないが、日本の人々が選んだことなのだ。たとえば、終身雇用制度が変わるまでに30年かかった。1990年代から自然にその方向へ進んだが、働き方改革の法案が制定されたのは2019年である。これは、適応するために30年間の猶予を与えたとみなすことができる。実際に、現状では失業率の増加は比較的小さく、大量倒産、所得格差の拡大、政治不安、ポピュリズムの高まりを起こさずに、変革が達成されてきた。

この安定性のために日本が支払った代償が、経済成長の鈍化だ。これはアメリカとは正反対の折り合いのつけ方といえる。アメリカ経済はきわめてペースが速く、常に経済成長を重視する。また、アメリカの労働市場は非常に流動的なので、経済成長は即座に雇用に結びつく。大統領選の勝敗はGDP成長率と失業率のデータで決まる。労働市場の流動性とペースの速さには残念ながら、経済不安もつきまとう。時には、食うか食われるかの「焼畑」経済と呼ばれることもある。勝者は大勝し、敗者は大敗するのだ。企業価値は株式市場での評価額のように天文学的レベルに達することがある。社会は甚だしく不平等かつ不安定だ。社会的苦痛は至るところで目につく。新しいスタートアップ、大失敗、多くのチャンス——これらはすべて、大勝利を収める機会が誰にでもあることを示す特徴だ。しかし、その同じ特徴によって社会不安が生じ、政治不安や個々人の悩みにつながっている。

日本の場合、このように二分化され、粗暴でかつ強引な社会の副作用に対して寛容ではなさそうだ。金にものを言わせることや、大きな投資にさえも、疑いの眼差しがよく向けられる。たとえば、外国人から見ると、ソフトバンクや楽天などはもっと国内で持て囃されてもよいはずだが、そうでもないことに驚いてしまう。両社はともに日本で最も成功し、世界的に知名度のある企業だ。それでも、果敢にリスクをとって大きな勝負に出るのはいかがなものかと思う人が日本には多いようだ。

こうした世間からの懐疑的な見方を避けるため、ほとんどの企業はより穏当で静かな進め方を選ぶ。事業部門や子会社を閉鎖して大量解雇するのではなく、先細りさせながら古い事業部門を段階的に縮小していく。これには多大なコストがかかるが、思い切った整理解雇に踏み込んだときの対外的なコミュニケーションや評判コストに比べれば、まだ安上がりだと考えられている。

このため、遅い変化は必ずしもリーダーが無能だからではなく（そういう場合も多いが！）、むしろ合理的な計算といえるのだ。遅さは経済成長よりも日本社会の好みを反映している。GDPが長きにわたって低迷してきた理由もここにあり、着実な変化は急速な回復よりも重要だとみなされてきたのだ。

それでは、この社会的に安定を好む傾向はどこから生じてくるのだろうか。「タイト」な文化と「ルーズ」な文化という新しい国際ビジネスの枠組みを使うと、それを最もうまく説明することができる。従来の文化の尺度は目に見える行動を比較し、違いを解釈しようとすることが多かった。それに対して「タイト・ルーズ理論」では、目に見える行動よりも、その行動の違いが長期にわたって持続する理由に注目する。その背景には、ある社会で何が「正しい行動」とされるかという合意の度合いと、その行動を強いられる強度の違いがある。この枠組みを使えば、特定の行動が次第に普遍化していく要因が明らかになる。

各国は「タイト」（合意の度合いと強度がともに高い）から「ルーズ」（何でもあり）までの幅の中に位置づけられる。第6章と第7章で詳しく紹介するが、その研究によると、日本は「タイト」な文化の国に分類される。多数のルールと正しい行動に関する合意があり、逸脱する人にはあまり寛容でない。対照的に、アメリカは一般的に非常に「ルーズ」な文化で（特にカリフォルニアがそうだ）、個人主義が善しとされ、変な行動をとる人がいても、ほとんどのアメリカ人は肩をすくめてやり過ごす。ドイツは日本とアメリカの中間にある。「タイト」と「ルーズ」には一長一短あり、どちらか一方が優れているわけではない。単に違うだけだ。

たとえば、アメリカはシリコンバレーの成功に見られるように、イノベーションで一定の優位性を持っているかもしれないが、その代償として不確実性が高く、社会の結束力が弱い。日本の競争優位性は、高品質のものづくり、しっかりとしたインフラ、高いレベルのサービスなどにある。これにはタイトな文化が非常に役に立つが、何事にも時間がかかる傾向がある。規定された行動が非常に多いので、変化を起こすためには時間をかけて理路整然とした手法をとらなくてはならない。これは企業カルチャー変革のマネジメントにも言えることであり、異なる進め方が必要となる。

## 8 日本には希望がある

悪いニュースに注目するのは簡単だが、日本に関する悪いニュースは今はもう正しくないかもしれない。また、日本が前進しようとするうえでも役立たない。それとは対照的に、既存のレンズを換えて、脅威よりも機会として世界を捉えれば、実は現状は日本にとって多くのチャンスがあることがわかるだろう。たとえば、DXは技術面で抜本的な大変革をもたらし、世界の技術リーダーである日本はその恩恵を受けられるはずだ。

社会が縮小することで労働人口が減少したり、新しいESG（環境、社会、ガバナンス）やSDGs（持続可能な開発目標）への配慮をビジネスモデルに組み込むように経営陣に圧力がかかったり、コーポレート・ガバナンス制度が変化していることは、いずれも再興の機会である。当然ながら、最終的にシン・日本の経営に転換できる企業がどれだけの数にのぼるのかは、まだわからない。あるいは、イノベーションのエコシステムが成長し、スタートアップに超一流の人材が集まるようになった暁に、どれだけ多くの新しい企業が出てくるのかもわからない。しかし実のところ、他に方法はないし、それが希望となる。

経済成長率や経済規模で日本が再び「ナンバーワン」になることはまず見込めない。それは起こりえないが、日本が先駆者として、経済的繁栄に向けて、よりバランスのとれた新たな道を切り開いていく可能性はある。経済活動、政治的安定、社会的結束と企業の成功とのバランスを図った独自の落としどころを探りながら、他国のモデルや制度に惑わされずに、着実な方法で、持続可能な経済成長率を追い求めていく国の姿について、日本がモデルになれるかもしれない。

目下の課題は「20対80」の法則、つまり、国内に先頭ランナーが十分に存在するかどうかだろう。今のところ、大多数の日本企業はまだ低迷している。言うまでもなく、経済全体では「40対60」のバランスのほうがはるかに良いし、先頭ランナーが他社に道を切り開いてくれることを願うばかりだ。そのためには、より先見性のあるリーダーと、より多くの変革の取り組みが必要となる。しかし、おそらく一番重要なのは、シン・日本の経営の先頭ランナーからもっと学ぶことだろう。通常は変革が難しいと言われる仕組みの中で、先頭ランナーがどのように戦略、企業カルチャー、イノベーションの変革をうまく進めているかを知れば参考になる。

望ましいのは、日本人が自分なりにもっと自信を持つことだ。成功事例がより多く紹介され賞賛されるようになってほしいのだ。経済を前進させるために、日本の悪い部分をもっとバランスよく分析し、良い部分と相殺させれば有益だろう。確かにビジネスの場合、企業の再生や変革はそれぞれの強みに基づいて始めるべきだ。ピボットには強い軸足が必要となる。日本の強みを見る方向へと分析のレンズを変えれば、自信がつき、全体的な変革の取り組みの助けになるだろう。

## 9　本書の構成と各章の概要

本書で論じていくのは、先頭ランナー企業の新たな戦略と強み、そして、この戦略的なピボットを実行するために行ってきた変革についてだ。シン・日本の経営を得意とする企業が、どのように将来の道筋を描き、日本のタイトな文化の中でどのように企業カルチャーの変革を行い、最先端イノベーションの推進方法を生み出すことに積極的に参画しているかを紹介したい。先頭ランナー企業が前進していくにつれて、他社も引っ張られ、変化が起こっている。

留意点としては、主に**上場している大企業**を取り上げていることだ。分析に用いたのは一般に公開されている企業データである。引用した事例もすべて上場企業であり、その多くが大企業に分類される。なお、製造業を取り上げたのは比較しやすいからだが、内容そのものは物流、金融、小売りなど他の業界にも当てはまる。このように、本書では、「シン・日本」を牽引する大企業が未来に向けて進めている戦略上の要点を考察していく。

各章の概要は次のとおりだ。

**第1章　遅いのは停滞ではない**。日本の先行企業は改革を重ねて、再浮上している。

**第2章**　日本企業は現在、VUCAやDXなど5つのグローバルショックに直面している。これらはたいてい脅威とみなされるが、シン・日本の経営の改革者である経営陣にとって、それぞれが**危機の瞬間から生じる好機**であり、刷新と再興の動きへの**切迫感**が新たに生じる。

**第3章**　この変革の主な道筋は、**「舞の海戦略」**を採用することによって、画期的な技術リーダーへとピボットすることだ。「シン・日本企業」は、川上の素材や部品をグローバル・バリューチェーンに供給したり、スマートシティ、スマートグリッド（次世代送電網）、スマート・ファイナンスのためのシステム・イノベーションを提供する、**機敏で賢くユニークな技術リーダー**である。

**第4章**　シン・日本企業は収益性が高く、共通する7つの特徴がある。それは戦略、企業カルチャー、リーダーシップなどに関することで、**「7P」**で整理できる。初期の先頭ランナーの事例をいくつか紹介するが、7Pの特徴を持つ日本企業は現在、増えつつあるので、そうした企業を評価するためのチェックリストを提示する。

**第5章**　「舞の海戦略」を実行するために、企業は戦略的かつ計画的にコア・コンピタンスを新規事業へと拡張している。「深化」と「探索」という両利きの経営の意思決定を整理した**2×2の「イノベーション・ストリーム・マトリックス」**を紹介する。

**第6章**　日本の変革が「タイトな文化」の中で起きていることが理解しやすくなる。つまり、日本企業は「ルーズな文化」のアメリカとは異なる形で変革してきたということだ。**日本で変革のスピードが大幅に遅いのは、国家の再興において、社会が損害を受けないようにさまざまな妥協をしてきたからだ**。遅いことは、社会を安定させ、不確実性を軽減するために甘んじて受け入れた代償である。ただし、遅いからといって停滞しているわけではない。

**第7章**　日本の企業カルチャーの中心となる３本柱を紹介し、**「3つのうち2つ」という原則を使えば、タイトな文化の中でいかに日本を前進させられるか**を示す。「舞の海戦略」へとピボットするためには、昭和の伝統的な会社カルチャーを変える必要がある。また、「ＬＥＡＳＨ」という枠組みを示し、タイトな文化の国で、いかに企業カルチャーの変革を成功させるかを解説する。

**第8章**　企業のイノベーションの手順は、技術リーダーとしてのニーズを満たすために変化している。日本のイノベーション・システムもまたタイトな文化の中で運用されているので、**シリコンバレーは日本の良いお手本ではない**。過去20年間で大きな変化が起きてきた。雇用制度の継続的な変化により人材にとって新しい機会が生まれ、スタートアップを支援しながら雇用の安定を約束するなかで、起業家精神の未来がどうなるかが垣間見えてくる。

**第9章**　日本とアメリカの違いは、相反する選択肢がある中で日本のリーダーが選んだ結果であり、日本企業は遅くとも着実に再浮上している、というのが結論である。この章では、私の主張に対する批判にも言及する。そして、**経済的な繁栄、政治の安定、社会**

の結束とのバランスを保ちながら、未来に向けた新しいビジョンと自信を持って新しいモデルへの道を歩むことにより、既存の先頭ランナーの後に続く企業が増えてほしい、という希望の言葉で締めくくりたい。

# 第2章

# ２０２０年代は変革の絶好の機会である

この章では、通常は日本経済の脅威とされる5つのグローバルショックを挙げる。VUCA、DX、アジアにおける新しい競争、収益性への圧力、働き方の変化、新たなイノベーションのニーズである。これらは脅威のように見えるが、変革を迫られる瞬間として捉えれば、企業再生の糸口や機会にもなりうる。

そこで、5つのショックのそれぞれについて、どのように改革の機会として捉え直せるか考えてみたい。また、昭和のビジネスモデルを振り返り、1990年代後半の「選択と集中」の第1波が不十分に終わった理由や、真の戦略的なリポジショニングを続ける必要性を簡単に整理して、第3章の議論に続けたい。

## 1 VUCAの世界とDX——新たな衝撃がもたらすチャンス

私たちは今、VUCAとよく呼ばれる、きわめてスピードの速い世界で暮らしている。企業にとって不確実性は常に現実的な問題だが、かつてと違うのは変化と技術アップグレードの速さだ。製品ライフサイクルや新技術の採用スピードは速まっている。たとえば、アメリカでは1960年頃に登場したエアコンが一般家庭の90%に普及するまでに40年以上かかった。電子レンジの普及率が95％になるまでに要したのは１９７５年から約25年だ。ところが、携帯電話の普及率は１９９５年の10％から２０１０年には90％へと、わずか15年で急増している。スマートフォンに至っては２０１２年の35％からわずか4年で80％に達した[1]。

技術進歩が加速すると同時に、経済安全保障を脅かす世界的ショックも頻発しているようだ。パンデミック、紛争や戦争、多くの国で攻撃性やポピュリズムが高まっていることは、大きな不確実性をもたらしている。保護主義化や「デカップリング（経済分断）」の危険性が高まれば、これまで確立してきた世界の貿易秩序が脅かされる。それが現実になるかどうかはさておき、危機と未知の要素が増大しているのだ。

しかし、技術リーダーにとって、これは好機でもある。たとえば、２０２２年にアメリカで「インフレ抑制法」が成立したが、そこには重要素材の生産をアメリカに戻すための減税措置が盛り込まれていた。その結果として現在、多くの日本企業がアメリカに進出している。たとえば、三菱ケミカルグループや日本ゼオンは２０２６年までにアメリカでリチウムイオン電池の正極・負極材などの生産拠点を置く予定だ。旭化成、日亜化学、住友金属も同

[1] Jeff Desjardins, "The Rising Speed of Technological Adoption", *Visual Capitalist*, February 14 2018, https://www.visualcapitalist.com/rising-speed-technological-adoption/

### 図表3　DX時代の新しいビジネスチャンスの例

| 既存の強み | DXの機会 |
| --- | --- |
| 製造／FA | デジタルものづくり |
| FA | エッジコンピューティング／クラウドコミュニケーション |
| 基礎化学品 | 先端化学材料、製造が難しい新素材 |
| 化学品 | 医薬品（バイオ／ヘルスサイエンス、医薬品受託製造など） |
| エレクトロニクス用ファインケミカル | 高度部材（フォトレジスト、フィルムなど） |
| ガラス | 高度ガラス基板、素材、フィルム |
| 繊維 | 新素材、膜など |
| 精密機械 | 医療機器、センサー |
| ロボティクス | 自律システム |
| ビデオ／家電 | センサー、モーター、最先端光学機器 |
| エネルギー | 再生可能エネルギー、蓄電、スマートグリッド |
| 鉄道車両 | スマートシティ |
| 通信 | 5Gインフラ／スマートシティ |
| 自動車 | 空飛ぶクルマ、MaaS（モビリティー・アズ・ア・サービス） |

出所：筆者が作成

様の動きを検討している。要するに、ある人にとっては脅威でも、別の人には機会になるのだ。機敏な競合相手はそうした間隙をうまく突いてくる。

ＤＸはＶＵＣＡショックの中でも最大の衝撃となりうる。日本のビジネスにおいて、自律型システムの登場は、高品質な製造から物流やサービスに至るまで長年培ってきたコア・コンピタンスの一部を置き換えることになりかねない。しかし、日本が技術的な複雑性において世界でリーダーシップを発揮してきたことを考えれば、新たな自律型システムでリーダーとなる大きなチャンスでもある。たとえば、日本はドイツとともに、次世代ＦＡと、「インダストリー４・０」や「デジタルものづくり」に必要な、完全に接続され自動化された「デジタル現場」においてはすでにリーダーである[2]。

同様に、物流（ブロックチェーン）、金融（フィンテック）、建設（自律型建設機械や遠隔操作）まで、ＤＸは非製造業全体にも機会をもたらしている。戦略の観点から、よく知られる日本の明確な強みは多数あり、日本にとって新たな拡張やリーダーシップの機会となる。図表３にその一部を挙げてみた。

[2] ＦＡとデジタルものづくりの機会について詳しく知りたい方は、Ｕ・シェーデ著『再興　ＴＨＥ　ＫＡＩＳＨＡ』（日本経済新聞出版、２０２２年）の第10章を参照。

ＤＸの動向をうまく活かせば、企業を再編する、あるいは、新技術やイノベーションにターゲットを絞って勝負に出ることへの切迫感を醸成する好機となる。こうした切迫感は、社内の抵抗を乗り越えて、新しい戦略ビジョンやコーポレート・アイデンティティをつくり出す一助となる。

## 2 新しい競争とサプライチェーンのグローバル化 ——技術面の大黒柱となるチャンス

日本は欧米に追いつくことに成功し、いまや世界の技術リーダーだ。しかしこれは、日本がコスト・リーダーシップを失ったということでもある。アジア地域で韓国、台湾、中国が直接の競争相手として台頭し、日本が昭和時代に謳歌してきた高品質な消費者向け最終製品の大量生産における優位性を切り崩した。その後、半導体の製造技術を次々と獲得し、今では韓国が自動車分野で手ごわい競合になっている。

図表2で見たように、韓国は世界の経済複雑性ランキングで１９９５年の21位から２０２０年には4位に、中国は46位から17位に浮上した。こうした国々の企業が生産工程を向上させていくのに伴い、最初は単純な製造業だったが、次第に高度な製造業でも日本に

取って代わっていった。

韓国勢などの追い上げを話題すると、往々にして日本が「負けた」ことを嘆く声が聞かれるが、実のところ、こうした産業の進化はよくあることだ。既存企業に追いつき置き換わることは、1970年代から1980年代にかけて、日本企業が欧米企業に対して行ってきたことだ。たとえば、オランダのフィリップスは、かつて標準的な家電製品を製造していた。ところが、アジアとの競争（最初はパナソニックなど、その後はサムスンなど）にさらされ、フィリップスはより高度な電子機器や医療機器などに移行した。世界の自動車会社も同じくアップグレードの方向へと移る傾向がある。ドイツのフォルクスワーゲンは、当初はトヨタ、日産、ホンダの日本勢との、そして今はヒュンダイなどとの新たなグローバル競争が始まるまで、安価なベーシッククラスの自動車を製造していた。

このように、コモディティ化した市場からはじき出されることは単に日本が先進経済国に仲間入りした結果にすぎない。ただし、それは日本が技術の最前線でリーダーとして新たな役割を見いだす必要があることを意味する。1990年代から2000年代初めにかけては、リーダーとして先行し続けられる経済にいかに転換するかという問題にまさに頭を悩ますこととなった。「失われた30年」とされるこの期間は日本の思春期――どのような大人になるか未知数の10代として捉えられる。

1990年代に多くの日本企業が犯した過ちのひとつは、自社が到達した新しい現実を受け入れるのに時間がかかりすぎたことだ。アメリカのビジネススクールで行われた研究によると、企業は困難に直面すると、とかく古い成功パターンに戻ってしまうという。そのパターンがもはや機能せず、問題の元凶になっていても、である。より技術的に高度な新製品の開発にすばやくピボットすれば、救われたかもしれない日本企業は数知れない。名前をいくつか挙げると、三洋電機、パイオニア、オンキヨー、サンスイ、アイワ、シャープなどだ。多くの企業がこの過ちの代償を払い、買収されるか、姿を消していった。

同時に、東アジアが製造業の組立工程の主要な担い手として台頭し、サプライチェーンがグローバル化したこともまた、日本が技術リーダーの立場を活かして、東アジアにとって重要サプライヤーでかつ欠かせない存在になる大きなチャンスだ。言い換えると、競合他社がまだつくれない、より高度なハイテク領域に移行すればよい、ということだ。超高度な素材や部品、製造機械が最終製品に不可欠であるかぎり、日本は東アジアに経済的に相互依存型のネットワークを築くことができる。

2024年時点で進行中の「デカップリング」は、この新しく浮上している戦略に悪影響を及ぼすかもしれない。中国からの需要が途絶えることは、日本企業にとって大きな危機になりうる。しかし、韓国、台湾、中国の間の緊密なサプライチェーンの依存関係は安定しつつある。どの地域も、この新しい分業体制から大きな恩恵を受けてきた。グローバル・バリューチェーンは今後も重要であり続ける可能性が高い。

## 3 収益性に対するコーポレート・ガバナンスの圧力 ――厳しい意思決定を押し通すチャンス

戦後の高度成長期に、ほとんどの大企業はメインバンクに財務を任せて「系列グループ」に所属していた。系列他社や重要な取引パートナーと株式を持ち合い、安定性と相互支援が主な関心事となっていた。こうした企業はたいてい脇の甘い経営を行っており、危機に直面すると、メインバンクが介入して救済と再建を行った。

このシステムでは、利益よりも売り上げがはるかに重視された。企業は毎年、売り上げと売上成長率で順位がつけられ、大きいほど良いとされた。収益性や業務の効率性はあまり重視されなかった。このため、企業は長期にわたって「何とかやり過ごす」ことができた。言い換えると、打てば響くような対応がとれなかったのだ。企業全体の連結業績を報告する義務はなく、一時的な損失はより小さな子会社に簡単に隠すことができる。また、市場価格に影響を与えられないプライステイカー（価格受容者）になることも多かった。というのも、取引でさらに粗利を稼ぐよりも、取引先との長いつきあいのほうが重要だとみなされていたので、厳しい交渉をしなかったからだ。こうした取引先は主要株主でもあったことから、経営陣に対して業績向上への規律を欠いたまま、システムは均衡していた。

今世紀に入って会計改革とコーポレート・ガバナンス改革が始まると、こうした状況が一変した。連結会計と政策保有株式（いわゆる持ち合い株）の開示が義務づけられ、法改正により、海外投資家が日本企業に投資する際に許可をとる必要性もなくなった。バブルが崩壊して1990年代後半に日本の株式市場が暴落すると、当時の日本株は比較的割安だったこともあり、海外投資家の第1波が押し寄せた。

コーポレート・ガバナンス改革は株主の地位と権利を大幅に向上させた。真に独立した社外取締役を設置せざるをえなくなっただけでなく、年次株主総会は株主が発言し介入する有意義な場になった。こうして新しい投資家が日本に集まるようになり、株主構成はがらりと変わった。

図表4はJPXによる上場企業の年次調査をもとに、1987年から2022年までの日

図表4　投資部門別株式保有比率の推移（1987〜2022年）

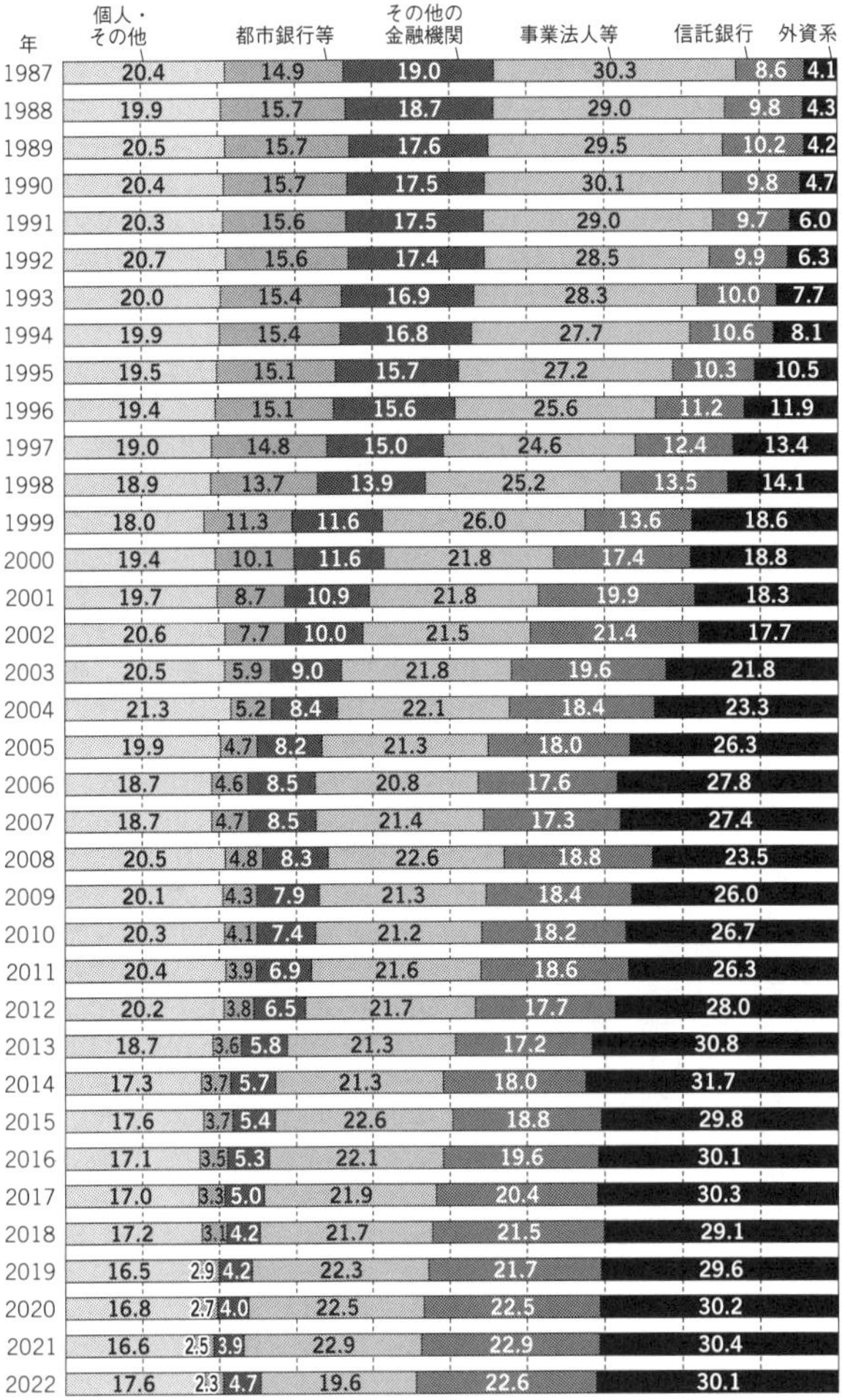


資料：https://www.jpx.co.jp/markets/statistics-equITies/examination/01.html より筆者が作成（2023年10月19日調べ）。

本企業の株主構成の変化を示したものだ。一番上の１９８７年はバブル経済が始まった年であり、株主のうち、大手銀行、その他の金融機関（生命保険会社など）、一般企業（事業法人）を合わせると64・2％だ。

それに対して、一番下は２０２２年10月（２０２２年度末）の株主構成だ。かつての3大株主は合計で26・6％にすぎない。代わって、海外投資家といわゆる信託銀行が50％以上を占める。「信託銀行」は、年金基金や投資信託などを含む国内外の機関投資家を代表するカテゴリーだ。特筆すべきは、こうしたデータが現在のＪＰＸ全上場企業の平均であることだ。ＪＰＸ４００銘柄、あるいは、東証プライム銘柄に限れば、海外投資家と機関投資家の比率はさらに高くなる。

この新しい株主構成は昭和の伝統的企業（ＪＴＣ）にとっては脅威に、改革推進派には好機となる。新たに透明性が求められ、潜在能力を下回る業績の企業をごく簡単に特定できるようになった。これに食いついてくるのがアクティビストだ。業績不振の企業に投資し、収益性を高めるように経営陣に改革を迫ることに収益機会を見いだす。ハゲタカ投資家の場合、経営陣の解任、人員整理や解雇、さらには敵対的買収も含めて、抜本的な改革を迫ることもある。

こうしたアクティビストの圧力に対する最善の防御策は優れた経営をすることだ。高収益かつ効率的な企業の株価は高くなるので、アクティビストにとってこのスキームは往々にして高くつきすぎてしまう。さらに、健全な戦略を持ち、経営がしっかりしている企業には、長期的で安定した投資家が集まってくる。このように、海外投資家や機関投資家の登場は、投資対象となる企業だけでなく、あらゆる企業にとって、収益性に対して市場の規律をもたらす。

改革者にとって、こうした変化は企業の刷新と変革を進める絶好の機会となる。ハゲタカの脅威を藁人形論法的に現実の危機や認識される危険として利用して、必要な改革を押し通してしまえばよい。危機感をテコにすれば、全レベルの従業員に変化を受け入れるよう説得しやすくなる。これには、旧来の事業から撤退し、新技術に積極的に投資したり、社内の研究開発プロセスを再設計したりすることも含まれる。新しい株主からの圧力を受け入れ、こうした変化をすべてやり遂げた企業は、新しい投資家を引きつけ、株価が上昇する可能性が高い。そうすれば、ハイテクで高収益の市場にピボットするためのリソースが増えるだろう。

## 4 人手不足と転職――新しい人材獲得方法

高齢化と人口減による社会縮小など、日本では大きな構造変化が進行中だ。2050年に「生産年齢人口」（15～65歳）は現在の約7200万人から3割減少して5000万人を切ることが予測される。これは公共財政だけでなく労働力不足の観点でも大きな脅威とみなされる。実際に「人材争奪戦」はすでに始まっている。

この大幅な人手不足により、労働者の交渉力が高まり、中途採用（転職）が急増しているのだ。従業員は給与や仕事内容についてより多く要求ができる。こうした権利拡大はすでに2019年の働き方改革に反映されている。昭和の伝統的企業（JTC）にとって、人材の確保や維持がままならなくなるので、これは大きな脅威だ。しかし、先頭ランナー企業と優秀な人材からすれば、大きなチャンスの到来といえる。

先進企業にとって、こうした変化は人事制度全体を見直すきっかけになる。人手不足という危機感に訴えれば、21世紀に向けた人事制度の根本的な改革に対する社内の抵抗を克服できる。それによって人材が集まり、労働生産性を高められるのだ。

意欲的な従業員にとって進行中の変化は力になる。もはや手堅くサラリーマンになることだけが社会的に一目置かれるキャリアパスではなくなった。トップ人材の報酬の増加、実力主義に向けた社内改革、より興味深いキャリアパス、起業家精神の高まり、個人の関心事を追求する機会の広がりなど、人手不足はすでに多くの変化をもたらしてきた。

おそらく最も重要なのが、この新たな人材流動化により、優良企業と優秀な人材とのマッチングがはるかに容易になることだろう。以前は、優秀な人材でも終身雇用状態から抜け出せないことが多かったが、労働市場の流動性が高まれば、先頭ランナー企業はあらゆるキャリアステージで優秀な人材を確保できるようになる。

転職がこの先も増えていけば、最終的に終身雇用制度全体が成り立たなくなる可能性が高い。賢い労働者が思うままに転職できる労働市場では、企業はその他の従業員のすべてに終身雇用を約束することはできない。収益性への圧力もあって、終身雇用制度が高くつくようになっているのだ。社会の不安定化につながる懸念から、労働改革は慎重なペースで進んでいるが、第8章で見ていくように、これも活発なイノベーション・エコシステムへの新たな道筋を構築する好機になるかもしれない。

## 5　昭和型ビジネスモデルの終焉
## ——新たなイノベーション・システムに移行するチャンス

日本は戦後、急成長する道を歩み始めた。1955年から1973年にかけての高度成長期、GDPの年平均成長率は10％だった。技術面で欧米に追いつくために、産業政策として日本の大企業が原材料や海外で発明された技術を輸入し、その技術を商業的に応用し、出来の良い最終製品を輸出できるようになることをめざした。日本の技術者は欧米に出張し、当初は鉄鋼、造船、化学などの産業で新しいスキルを習得した。この政策では大企業が主に2点に集中することを奨励していた。①主に技術の応用と漸進的イノベーション、②多角化による規模拡大と売上高の増大だ。

1950年代、日本からの主要な輸出品は、絹とゼンマイ仕掛けのブリキ玩具だった。欧米では「メイド・イン・ジャパン」の表記は「安かろう、悪かろう」を連想させた。1960年代にアメリカで初めて日本車が販売されると、その小ささとすぐ錆びることについて、多くの冗談が飛び交った。このため、昭和の技術戦略は技術を獲得するだけでなく、製品の品質で追いつくために製造技術を獲得することも目的としていた。イノベーションの観点では、欧米から何かを取り入れ、それをより良くする漸進的な改良に専念する必要があったのだ。やがて企業は商品化のスキルを磨き、品質の向上とともに付加価値を高めることができた。多くの企業でカイゼンやものづくりの暗黙知が育まれ、日本製品の卓越した信頼性は世界的に評価されるようになった。１９７３年のオイルショック後、燃費がよく、小型で、優れた日本車は欧米でヒットした。その頃、ソニーとパナソニック（松下電器）などの電気機器メーカーが小型ラジオやより良いテレビで世界の消費者の心をつかみ、当然ながらウォークマンは最初の特大ヒット製品となった。

前述したように、経営陣は各方面から、利益ではなく売上高の増大を重視するように奨励されていた。政府は大企業を非常に優遇した。大企業は国内サプライヤーの大規模ネットワークの頂点にあり、大企業が成長すれば、それが中小企業にも波及していったからだ。政府は大企業を手厚く支援し、一流大学の卒業生は大企業に入社した。銀行はコーポレートファイナンスの中心であり、喜んで大企業に融資をした。[3] 企業が成長する最も手っ取り早い方法は、より多くの事業に参入することだった。それはコア・コンピタンスを新分野に広げ

[3] 昭和時代の日本のビジネスシステムについては、U・シェーデ著『再興　ＴＨＥ ＫＡＩＳＨＡ』（日本経済新聞出版、２０２２年）の第３章に詳しい説明がある。

る形をとることもあったが、時間の経過とともに、まったく無関係の事業にも手を出す企業が増えていった。

30年にわたる多角化を経て１９８０年代になると、日本の大企業は動きの鈍い巨大コングロマリットへと変貌を遂げていた。１９８０年代後半のバブル経済の間、大多数の企業が非戦略的な多角化に熱中していたことから、バブル崩壊によって３つの行きすぎが露呈した。多すぎる事業セグメント、多すぎる従業員、多すぎる融資である。このショックに対する最初の反応は、回復を期待して「様子見」をする戦略だった。失業と社会的な危機を回避するために、政府はこの慎重なやり方を支援した。

ところが、日本は回復するどころか、１９９８年に巨大な金融危機に見舞われた。銀行は金利を払えない企業に貸し渋りをせざるをえなくなり、企業倒産が相次いだ。また、企業はバブル期の行きすぎを片付ける「大掃除」への着手を迫られた。今世紀になるまで、企業の新しいスローガンは「選択と集中」だった[4]。企業は事業の再集中のために、「中核」となる事業を特定、選択し、そこに経営資源を集中させる。関連性のない事業は閉鎖か売却によって撤退しなければならない。

これは日本のＫＡＩＳＨＡの再興の始まりだった。私の試算では、２０００年から

2006年までの選択と集中の第1波の際に、大企業500社の75%が、撤退、事業部門の売却、競合他社の非中核事業部門との合併などの活動の少なくとも1つに取り組んでいた。もっとも、後から考えてみると、ほとんどの企業は「低いところにぶら下がっている果実」、つまり、簡単に切り離せる非中核事業のみを売却しただけで、新しい戦略にピボットした企業は少なかった。そのため、2019年時点でも、日本には相変わらず250以上のコングロマリットがあると推定される。JPX日経400の約25%(つまり、日本の優良企業100社)は依然として100以上の子会社を持っている。株式市場は多くの場合、いわゆる「コングロマリット・ディスカウント」〔訳注:多数の事業を抱える企業の価値が、各事業の価値の合計よりも低く評価される状態〕の形でこうした企業に制裁を加えた。次章で触れるが、日本企業が競争するためには、戦略の再定義という、より根本的な行動が求められていたのだ。

製造業で高度に多角化された大企業が漸進的イノベーションに注力するという昭和の仕組みがいまや通用しなくなっているのは明白である。というのも、すでに韓国や中国に模倣さ

[4] Ulrike Schaede, *Choose and Focus: Japanese Business Strategies for the 21st Century*, Cornell UP, Ithaca, 2008.

れているからだ。むしろ、日本の新たなイノベーション戦略では、明確に定義された技術リーダーシップの領域を対象とした投資をしなくてはならない。基礎研究の不確実性を受け入れ、計算されたリスクをとって特定の新技術で勝負に出るという、新しいマインドが求められているのだ。この変革と、それに取り組む企業の動きこそが、本書で伝えたい中心的なメッセージである。

今日、多くの日本企業がまだ伝統的な企業マインドに囚われているのは事実であり、さまざまな機会に目を向けていない。ややもすれば、古いパターンに回帰することで脅威に反応し、どうにかして過去の成功をよみがえらせようと期待しているのだ。ある意味で、日本の過去の成功体験こそが変化を阻む最大の障壁であり、過去30年にわたって日本の根本的な課題となってきた。

しかし、日本企業が今直面している5つのショックを見れば、先頭ランナー企業はこの瞬間を、改革を引き起こす大きな機会として捉え直すことができる。時間とともに、少なくとも一部の伝統的企業では、改革や刷新が行われることが予想される。というのは、改革できない言い訳がなくなっているだけでなく、改革しなければ人材、株主、技術、利益をめぐる競争で明らかに負けてしまうからだ。

# 第3章

# 「舞の海戦略」へのピボット

この章では、「舞の海戦略」――日本の主要企業がグローバル技術リーダーにリポジショニングする概念を取り上げる。1990年代に活躍した力士、舞の海はライバルよりもすばしこく動き、絶えず新しい技を自分のレパートリーに加えて勝利を飾り、「技のデパート」と呼ばれた。これがなぜ今日の日本の優良企業像になるのだろうか。世界市場シェアのデータを見ると、このリポジショニングがディープテック領域でいかに日本の優位性を高めてきたかがわかってくる。

## 1　専門化の必要性――利益の「スマイルカーブ」

1998年の金融危機が、少なくとも最大手行の間でようやく片付いたのは2005年頃である。進行中の法改正は新たな希望をもたらし、2000年代初めの「小泉ブーム」は新規投資の呼び水になった。しかし、2008年のリーマン・ショックで世界経済は大打撃を受け、世界的な需要の崩壊が起こると、このブームは終わってしまう。2011年には東日本大震災と原発事故という大惨事に見舞われ、悪いニュースと深刻なショックが定期的に起こるように見えた。

図表5 製造業におけるスマイルカーブと典型的なバリューチェーン

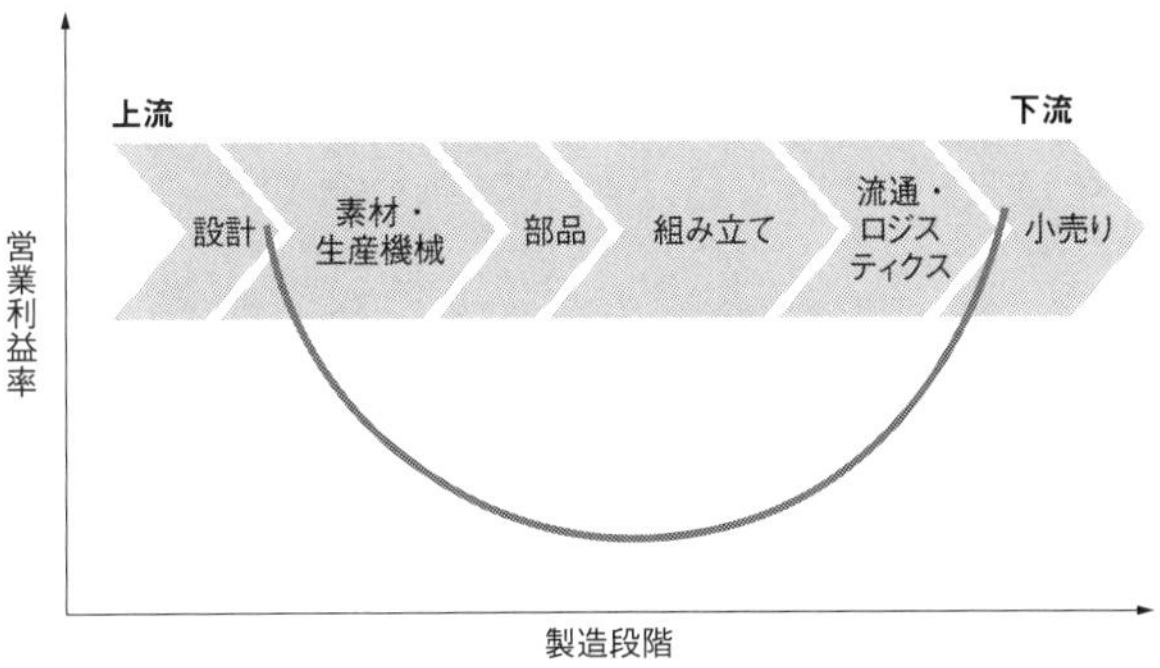


出所：筆者が作成

ところが、こうしたショックの中にあっても、日本の先頭ランナー企業は静かに、また、多くの場合、気づかれることもなく、ピボットに乗り出していた。成長中のグローバル・バリューチェーンに食い込めれば、東アジアの台頭、とりわけ中国から利益が得られる。そのためには、競争のやり方を考え直す必要があった。

当時よく使われた戦略イメージがいわゆる「スマイルカーブ」だ。図表5は、製品製造のシンプルなバリューチェーンの各段階をスマイルカーブと重ね合わせている。バリューチェーンの「グローバル化」とは、企業と国が最終製品の特定部分に注力し、残りの部分は最も安価に製造される国にアウトソーシングすることを指す。

スマイルカーブから生産段階ごとの利益率の違

いが明らかになる。典型的な製品であれば、上流の設計や技術、下流の流通や販売が最も高い。B2B産業の特殊な製品を除き、消費者向けの最終製品の組み立ては一般的にスマイルの底となり、利益率が最も低い。

日本の産業は伝統的に、バリューチェーン全体を国内で完結させてきた。しかし、現在のグローバル競争は各生産段階で起こり、先進国である日本の人件費や製造コストなどは韓国、台湾、中国よりもはるかに高くなった。日本企業はスマイルの底辺部分ではもはや利益を稼げなくなったのだ。生き残るためには、コモディティ化した製品の生産や消費者向け製品の組み立てをコストの安い国に最終的に委ねざるをえない事実を受け入れる必要がある。進むべき道は、アップグレードして利益の高い部分――川上であればつくるのが難しいもの（先端化学品、素材、部品）、川下であればサービス（効率性の高いコンビニエンスストアなど）へと移ることだ。

これは、消費者向け最終製品だけでなく、B2Bの中間生産物にも当てはまる。化学業界では、基礎化学品が依然として重要で、場所を移しにくいので、日本国内でキャッシュフローを稼ぐことができる。しかし、そうした基本製品の利益率もじりじりと低下していた。基本的な窓ガラス、単純な鉄鋼製品、通常の自動車用タイヤなどコモディティ化した投入品ではもはや利益を出すのに十分ではない。むしろ、こうした業界がとるべき道は、特殊ガラス、特殊鋼、高性能タイヤに移行し、当該分野の次世代技術の研究開発をすることだった。言い換えると、勝つための計画は、他社にはつくるのも模倣するのも難しい、高度な製品に移行し、利益率を高めることだ。

この専門化への移行をやり遂げるために、21世紀初めに「選択と集中」の第2波が始まった。第1波とは異なり、このピボットで重要なのは、競争戦略について新しいビジョンを持ち、将来やDXにおいて重要になってくる市場で新しいディープテック・リーダーシップを設計することだった。他社よりも速く賢く走れるプレイヤーになるために、会社全体をピボットするのだ。

## 2 相撲から得られる洞察——舞の海と「技のデパート」

このピボットを支える戦略転換の説明として、相撲を思い浮かべてほしい。読者の中にはバブル期(崩壊期も含めて)の大相撲を覚えている人もいるだろう。当時の日本企業は巨大化が奨励されていたように、バブル期の大相撲力士もほとんどが巨漢だった。その代表格が小錦と曙だ。小錦は身長184センチメートルで体重275キログラム、曙は203センチメートル、233キログラムだった。2人とも身体能力に優れたアスリートだが、圧倒的な力で勝ち星を挙げることが多かった。どちらも名を馳せ、上位に君臨した。

これは1980年代から1990年代初めにかけて、鉄鋼、電気機械、家電製品とエレクトロニクスなどの日本の産業リーダーとよく似ている。当時は規模が大きければ市場を制することができた。たとえば、1990年に、銀行の自己資本におけるTier1（基本的項目）で上位10行のうち6行を邦銀が占めた。いずれも巨大な資産を持ち、世界的な大型案件への資金提供に参加することができたのだ。

しかし、相撲界では異色の取組も見られ、私個人としてはそちらが気に入っていた。そうした相撲をとるのは、身長171センチメートル、体重100キログラムに満たない舞の海だ。相撲協会の規定では身長が低すぎたので、頭皮の下にシリコンを注入して入門を果たしたという。舞の海の最高位は小結だ。もっと上位になれた可能性もあったが、小錦との対戦で舞の海は勝ったものの、相手が倒れかかってきて足に大けがを負い、それ以上の地位には届かなかった。それでも舞の海にはファンが多く、当時の相撲界の実力者だった。実際に、小錦や曙を計8回も破っている。

小柄な舞の海がなぜ勝てたのだろうか。成功の秘訣はその多彩な技にある。大相撲の公式統計によると、舞の海は現役時代に少なくとも33種類の決まり手を使用したという。最も有名なのは、1991年11月に曙を「三所（みところ）攻め」で破ったときだろう。これは、片足を引っ掛けるのと同時に、もう片方の足をつかみ、頭を相手の胸に押し込んで、後方に押し倒すという、何とも難しい動きをする。こうして舞の海は「技のデパート」と呼ばれるようになった。

ただし、舞の海がライバルに勝っていたのは技だけではない。より俊敏で、より賢く、対戦ごとに手の内を変えるため、ユニークで予測不能な存在となっていたのだ。他の力士と同様、舞の海も優れたアスリートだが、その真の強さと人気の理由は、スピードと技を兼ね備えているところにあった。対戦ごとに入念に準備し、毎回新たな技を繰り出しては、対戦相手と観客を驚かせた。その輝かしいキャリアの中で、技能賞を5回獲得している。舞の海は体格や力のみが成功への道とは限らないことも示した。俊敏でアジャイルな技術リーダーはひと味違う方法で成功する。舞の海はそれを地で行くことで、小錦や曙など巨漢の力士に対抗すべく、体型も戦略もまったく異なるスタイルへと、道を切り開いたのだ。

舞の海は、日本の主要企業が現在取り組んでいるピボットのイメージに最適だ。これは各社が現在進めている「ダイエット」とマインドセットの転換を象徴している。もっとも、このダイエットは必ずしも売り上げや資産を小さくすることではない。ビジネスでは時として、規模が威力を発揮することもある。ここでいうダイエットは、むしろ質的な転換を指す。世界の競合相手に先行するために、コモディティ化した製品からディープテック事業への移行に役立つ新しい技を追加するのだ。

このダイエットでも、21世紀に自社がどのように競争するかという新たなビジョンが大切になってくる。次章で見ていくように、現在の主力事業を活かして将来の機会を探索する「両利きの経営」という新しい競争戦略でビジョンを実現すること、また、新しい企業カルチャーを創造し、新しいイノベーションの取り組み方を構築することも意味する。最終結果として、新しい企業は小さくなることもあれば、そうならないこともあるが、よりスリムで、より集中し、より巧みで、より速くなる可能性が高い。

こうしたピボットの代表例が、過去10年にわたって日立製作所、日立グループで行われてきた変革だ。バブル崩壊後、日立は大苦戦し、2001年から2010年にかけて営業利益率は2%を割った。過度に多角化して多数の事業に手を広げたものの、その多くは収益性が低かった。2010年の日立のウェブサイトには、冷蔵庫や掃除機などの家電製品、ハードディスク・ドライブや半導体などコンピュータの周辺機器、化学品、建設機械、医療機器、鉄道車両、フォークリフト、タービン、発電所など、10以上の「中核」事業が並んでいた。これら事業に共通するコア・コンピタンスは何かと聞かれると、日立の経営陣でさえ口ごもった。官僚主義がはびこり、何かを成し遂げることは難しかったのだ。

そんな日立が過去10年の間に新しい会社へと変貌を遂げている。既存事業の多くから撤退し、日立化成など珠玉の事業も売却した。新たに掲げた目標は「スマートシティ」技術とアプリケーションのリーダーになることだ。そのためには、エネルギー（スマートグリッド）、交通（鉄道車両）、通信、IT、FAなどインフラのディープテックの組織能力、さらに、日立ヴァンタラやプラットフォーム「ルマーダ」に代表される新しいデータシステム管理能力やIT／IoT製品が必要となる。そのすべてが大成功するかどうかはさておき、同社が明確なビジョンに向けて、主要な単一目標に集中し、一連の重要な技術で勝負に出ていることは明らかだ。

日々の暮らしの中で日立が果たそうとする役割の広がりについて、消費者には認識しづらいかもしれない。新生・日立は以前よりも「ジャパン・インサイド」になっているからだ。しかし、世界中で誰も日本（および日立）のように列車の定時運行を実現できないのは、周知のとおりだ。また、スマートシティは未来のものであり、掃除機などよりもはるかに収益性が高いことは間違いない。日立製作所は2023年に11年連続で、情報サービス企業クラリベイトの「Top100グローバル・イノベーター」に選ばれたが、これは同社が集中的にディープテック戦略に移行している証だ。[5]

## 3 エビデンス――チャートでわかる「舞の海戦略」

日立は特殊な事例ではなく、単に最大手というだけだ。DXの新しいプレイヤーとなるべく、同様のピボットに取り組んでいる企業は他にもたくさんある。「大量」の最終製品から、つくるのも模倣するのも難しく、グローバル・バリューチェーンの肝となる「スマート」な上流の投入財へと移行している上場企業はますます増えている。

2003年、経済産業省はテレビ、DVDプレーヤー、ハードディスク・ドライブ、携帯電話、デジタルカメラなど、当時の主要な家電製品について初めて調査を行った。各製品の日本企業の世界市場シェアと、各製品を製造するのに必要な投入財や材料を評価するのが目的だ。調査結果は『製造基盤白書（ものづくり白書）』2005年版にまとめられた。日本が消費者向け最終製品は27％と、世界市場シェアを失っていることがデータから浮き彫りになるのと同時に、部材や製造機器は65％超であり、市場シェアを伸ばしていることも読み取れた。実際に、バリューチェーンの上流に行くほど、日本の優位性は拡大していたのだ。

この調査はその後も拡充され、現在はＮＥＤＯが定期的に更新している。２０２２年（２０２３年３月発行）には調査対象が１０９４製品に増え、製品別に世界市場規模と日本企業の合計市場シェアの調査が行われた。世界の自動車産業のように巨大市場もあれば、はるかに小さな市場も含まれている。

図表６は２０２３年のＮＥＤＯ報告書から、合計１０９４品目の調査結果をバブルチャートで示したものだ。このうち最終製品（自動車、ロボット、医療機器、事務機器など）は８１２品目、キーテクノロジー製品（半導体、ストレージ、電池、先端材料など）は２８２品目にのぼる。

この図表には、経済産業省／ＮＥＤＯの調査結果と、電子情報技術産業協会（ＪＥＩＴＡ）提供のセンサーのデータが含まれている。対象は製造業の品目のみで、全世界は網羅してい

[5] https://clarivate.com/top-100-innovators/

# 図表6　日本企業の国際競争ポジション推移の評価：主要先端製品・部材の売上高と世界シェア（2021年）

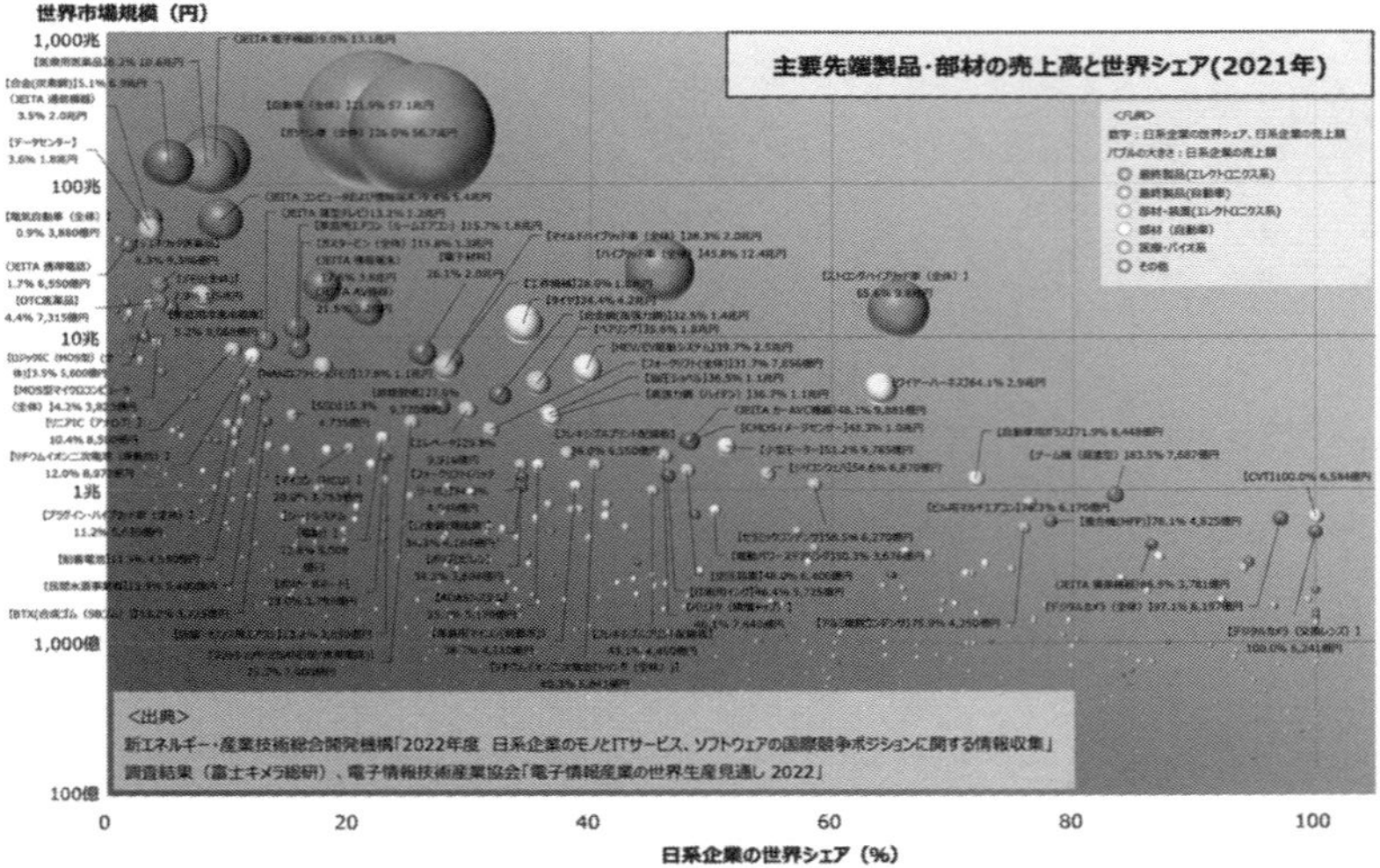


資料：新エネルギー・産業技術総合開発機構（NEDO）「2022 年度日系企業のモノとITサービス、ソフトウェアの国際競争ポジションに関する情報収集」

ないことに留意したい。さらに多くの製品や市場を調査すれば、さらに多くのバブル（円）が配置されるだろう。

このグラフを読み解くために、左上の2つの大きなバブル（自動車産業）を見ていこう。自動車は巨大産業であり、全世界の年間売上高は1000兆円近い。そのうち日本の自動車メーカーは世界市場の約25％を占める。グラフ中央の2つの小さなバブル（ハイブリッド車）を左上の大きなバブル（ガソリン車）に含めれば、このシェアはさらに高まる。中央部には、自動車部材、エレクトロニクス系部材・装置、医療・バイオ系、エレクトロニクス系部材・最終製品など、やや大きなバブルが見られる。こうした分野では、世界の市場規模は10兆円程度で、日本企業がそのうち20～40％を占めている。

しかし、私がこの図表の中で最も興味深く思ったのは、こうした大きなバブルよりも、右下の隅にある数々の小さなドット（点）だ。なかには、ほとんど見えないほど小さなドットもあるが、日本企業の市場シェアを足し合わせると75％以上になる。2021年、日本企業は409の製品市場で、世界市場シェアは合計すると40％以上だった。この409品目をさらに細かく見ていくと、2020年と2021年に日本がシェア100％の製品は58品目あった。合計シェア90％超では94品目、75％以上にすると162品目にのぼった。ただし、これは日本の主要企業すべてを網羅しているわけではなく、NEDOが調査対象として選んだ市場のみである。日本が圧倒的なシェアを持つ市場の絶対値は明らかではない。

こうしたドットはそれぞれ、日本が世界を席巻しているキーテクノロジー（技）を表している。各市場は比較的小さく、409製品の2021年の年間売り上げは平均で2476億円だ。ただし、この409品目を足し合わせれば、多くの主要な川上セグメントで日本企業がグローバル・バリューチェーンを支えていることになる。

重要なのは、こうしたリーダーの地位にある企業の大半が、中小企業ではないことだ。実は巨大な上場企業であり、その多くが複数製品で世界を主導している。日本企業の世界市場シェアの取り方には2パターンある。1つ目は、大企業1社で複数のバブルを占めるパターンだ。たとえば、JSRはフォトレジスト（半導体製造の必須素材）と偏光板フィルム（液晶パネル用）で世界的リーダーとなっている。日東電工も、約800万ドルの先端材料会社だが、隣接市場で多くのニッチ品目を手がけてきた。

もう1つが、複数の日本企業を合わせると大きなシェアになるパターンだ。たとえば、フォトレジストではJSRとTOKが、特殊鋼では複数の鉄鋼会社などが当てはまる。また、オリンパス、ペンタックス、富士フイルムのシェアを合わせると、医療用内視鏡で80％

以上、特殊内視鏡で１００％だ。ＦＡからスマートシティ、空飛ぶ車、ロボット工学など、あらゆるＤＸ産業で用いられるビジョン技術やセンサーに関しても、日本が多くの分野を席巻している。このように、個々のバブルは小さくても合算して積み上げていくと、国際貿易では強力なポジションになるのだ。

前著（『再興 ＴＨＥ ＫＡＩＳＨＡ』）では、このバブルの蓄積を「集合ニッチ戦略」と言い表していた。というのも、すべて合わせると、ちっとも小さくないからだ。しかし、日本の人々は「ニッチ」と聞くと、中小企業や「隠れたチャンピオン」を想起する傾向があるので、今回は舞の海のアナロジーを用いることにしたい。図表６は中小企業の話ではなく、日本の上場大手企業のいわば、「舞の海戦略」と「技のデパート」を可視化したものと理解することができる。

おそらく日本にとって最大の変化は、業界関係者を除けば、この新しいポジションの強みが見えにくく、測定さえままならないことだろう。国内でも海外でも「ジャパン・インサイド」はほとんど認知されていない。たとえば、新幹線は日立製作所と日本車輌製造がつくっていることを知る人は少ない。同様に、カメラやビジョン関連のＤＸ技術を駆動する半導体のＣＭＯＳで、ソニーが世界シェアの50％だということもほとんど知られていない。とりわけ、目の前の携帯電話のカメラは50％以上の確率でソニー製チップによって駆動されているにもかかわらずだ。さらに言うと、半導体製造の重要ステップやその機器も日本製だ。これは、技が合わさるといかに市場で強力なポジションになるかを示す、ほんの一例にすぎない。

## 4 なぜ「舞の海戦略」で日本は強くなるのか

先のバブルチャートは3つの観点で注目される。①日本のパターンは国際的に見ても特殊だ。②これは最近の現象だ。③技のデパートのポジションをとるための変革が現在進んでいるため、日本は国力を高めている。

### 独自性

国際比較の観点で、NEDOの報告書にはアメリカ、EU、韓国、台湾、中国のバブルチャートが掲載されている。中国は急成長しており、エレクトロニクス系部材・装置では大きなバブルが多いが、75％以上のものはまだ少ない。台湾は全体的にエレクトロニクス系部材・装置が強く、シェア60％以上のドットはない。つまり、台湾にとって右下が空白地帯となる。韓国は驚くまでもないが、自動車で強みが拡大し、家電など最終製品（携帯電話、液晶テレビなど）、エレクトロニクス系部材・装置（半導体、ディスプレイ）で大きなバブルが多数見られる。ただし、世界市場の98％を占める有機ＥＬディスプレイを除き、韓国でも右側は空白地帯だ。アメリカはバイオテクノロジーと特殊半導体を中心に１００％独占状態のバブルが複数にのぼる。ＥＵは予想どおり自動車が非常に強く、素材やその他にいくつか小さなバブルがある。これはおそらく鉄鋼製品やインダストリー４・０向け先端製造装置・工作機械に関連するのだろう。

要するに、右下が日本のような分布状況で、世界シェア75％を超えるドットが非常に多い国は見当たらない。唯一日本に近いプロファイルといえそうなのが、エンジニアリングや化学産業に強みを持つドイツだ。ＮＥＤＯの調査にさらに多くの工作機械やデジタル製造技術が含まれていれば、日本とドイツが圧倒的なシェアを持つバブルはもっと増えるだろう。

## 最近の現象

日本の世界シェアがこのようなバブルの分布状況に移行したのは、かなり最近の現象である。図表7は２００６年と２０１６年のバブルチャートを比較したものだが、時間の経過と

図表7　日本の「技のデパート」マップ（2006年と2016年との比較）

**図221-15　日系企業が生み出した主要先端製品・部材の世界市場規模及び世界シェア（2006年）**

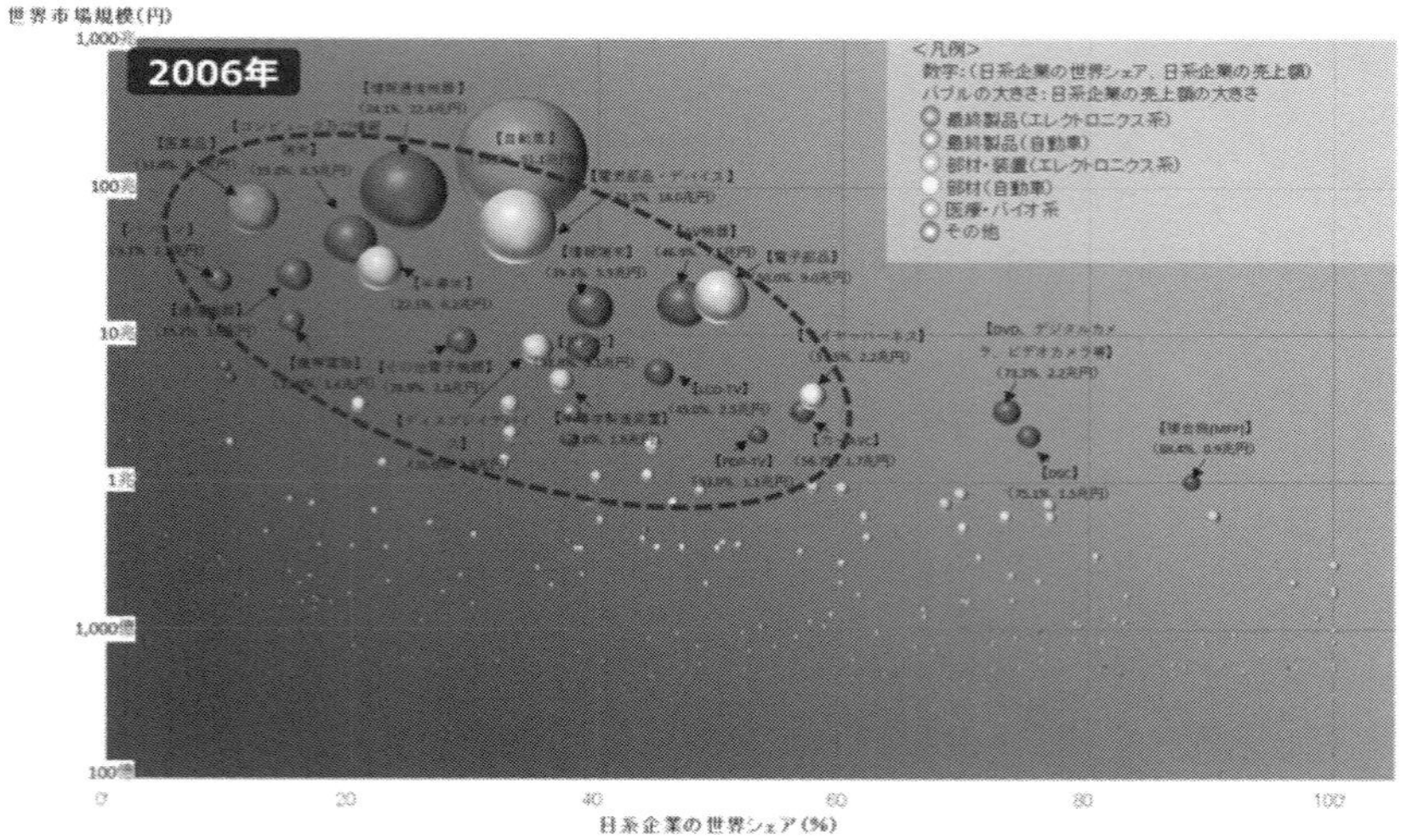


資料：『2019年版ものづくり白書』第2章 p.57。https://www.meti.go.jp/report/whitepaper/mono/2019/honbun_pdf/pdf/honbun_01_02_02.pdf
原出所：新エネルギー・産業技術総合開発機構「平成19年度技術戦略の科学的な立案を推進するための分野別研究リソースと、国際市場競争力のベンチマーク及び特定産業分野への応用に関する調査」

図221-16　日系企業が生み出した主要先端製品・部材の世界市場規模及び世界シェア（2016年）

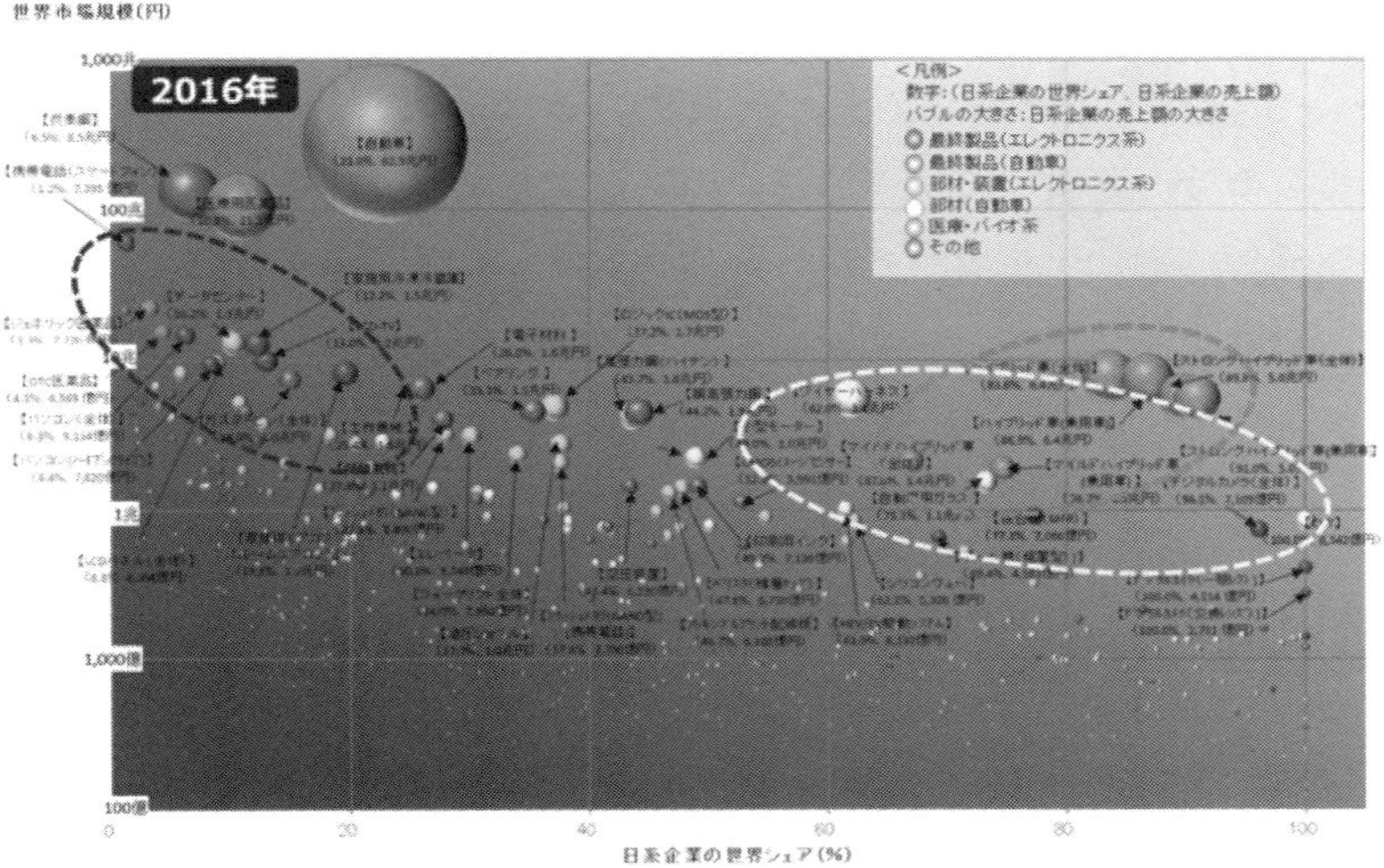


資料：『2019年版ものづくり白書』第2章 p.58。https://www.meti.go.jp/report/whitepaper/mono/2019/honbun_pdf/pdf/honbun_01_02_02.pdf
原出所：新エネルギー・産業技術総合開発機構「平成29年度日系企業のモノとサービス・ソフトウェアの国際競争ポジションに関する情報収集」

ともに大きな違いが見られる（図表7のタイトルは筆者によるもの）。2006年には、すでに右側にもいくつかバブルはあるが、エレクトロニクスなど巨大市場に集中し、世界市場シェアは低い。2016年になると、より小さなバブルの数が大幅に増え、そこで圧倒的な世界市場シェアをとっている。この図表は、日本がより小規模でインパクトの大きなスキームへと現在進行形で移行している証拠となる。この図表のもう1つの読み方として、競争の激しい、ますますコモディティ化する市場から、競争が少なく、つくるのが難しい、より小さな市場に移行していることが指摘できる。これが新しい「舞の海戦略」の姿なのだ。

## 力強さ

最終的に、こうしたバブルはすべて依存関係をもたらし、日本は強いポジションをとることができる。そのことは東アジアにおける貿易収支に反映されている。2020年時点で、日中（香港を含む）間の貿易額はドルベースでほぼ同額だが、韓国と台湾の対日貿易赤字は拡大していた。その大部分は半導体製造に必要な素材、部品、生産機械など、バリューチェーンの川上のディープテック分野である。また、中国は韓国や台湾に対して貿易赤字となっている。このような形で、日本は東アジアの貿易の要となってきたのだ。

・iPhoneの例で考えてみると、少なくとも２０２３年頃までは、図表５で見たようなバリューチェーンの流れで表される。日本は韓国と台湾に重要部材を輸出し、韓国と台湾はそれを使って携帯電話やノートパソコン用の液晶ディスプレイなどの部品を製造して中国に輸出し、中国で最終製品に組み立てられ、世界に売り出される。中国企業であるファーウェイ製の最高級スマートフォンも同様のパターンで、２０２０年代初頭にデカップリングで市場が分断されるまで、日本製部材に約30％依存していた。

経済安全保障が懸念される今日の世界では、日本は重要な技術や部材の多くで技術リーダーの立場にあるので、他国よりも重要物資の自給率が高いことになる。世界貿易がますます分断された場合、日本ほど国内生産力を再構築できる国は少ない。

しかしその一方で、他国は日本製の中間財に依存しているので、分断が進む事態は起こりそうにない。韓国と中国は日本製の部材や生産機械を必要としている。最良のシナリオでは、こうした貿易依存関係がアジア域内の関係安定の助けになる可能性もある。

ところで、日本はこのようなリーダーの立場を長く維持できるだろうか。他国が日本に追いつくまでにどのくらいかかるのだろうか。図表２（第１章）で見たように、日本は長い間、「経済複雑性」指数では世界第１位であり、世界中に複雑な製品（投入財、素材、最終製品）を輸出してきた。「失われた」数十年の困難な時期でさえ、この傾向は変わらなかった。技術的に高度な「ものづくり」で蓄積された知識は今、日本企業がバリューチェーンの川上に移行するときに大いに役立っている。日本企業が立ち止まらずに探索と革新を続けるかぎり、先行を続けられるはずだ。言うまでもなく、それがまさに「舞の海戦略」である。

全体として、世界経済の中で日本の主要企業の役割は変わってきている。大きさを誇った昭和時代、日本企業は世界中で恐れられることもあった。日本企業はいまや賢くなり、一目置かれ追いかけられる対象となった。技術リーダーシップで世界のバリューチェーンに新しい依存関係が生じているので、アジアにおける貿易や政治的な関係は再形成されつつある。

よく「隠れたチャンピオン」に注目したり、グローバルなニッチ市場を中小企業の領域とみなしたりするが、これは別の話だ。「舞の海戦略」は、上場している大企業による新たなグローバル競争の推進力である。新しいディープテック・プレイヤーに移行していく中で、こうした企業は先行し続けるための新しい技を開発することができる。シン・日本企業を特定し、その強みを評価するためには、最終製品、ブランド、規模を超えたところに目を向ける必要がある。規模の大小は関係ない。今日重要なのは、目立つか否かにかかわらず、技術リーダーシップなのだ。

第4章

# 優れたシン・日本企業に共通する「7P」

この章では、図表6のバブルチャートに代表される、初期の先頭ランナー企業の特徴を見ていく。2000~2009年度のデータを用いて、収益性が高かった上位40社を分析したところ、共通する7つの特徴が明らかになった。これを「7P」として整理した。章末には今日の7P企業を見分けるチェックリストを載せている。

## 1 研究デザイン——2000年代前半の高収益企業

2000年代初め、日本経済は低迷していたにもかかわらず、金融危機以後、絶好調な企業があることに私は気づいた。このようなスーパー先頭ランナーを調べるため、日経NEEDSで2000~2009年度の日本の全上場企業（金融機関を除く）の財務データを取得し、営業利益率で収益性を測定し、企業ランキングを作成した。サンプル数は毎年異なり、10年間の平均は2147社にのぼる。このうち約半数が製造業（10年間の平均は1107社）である。

図表8は、2000~2009年度に収益性の高かった製造業40社と、その平均営業利益率、およびその標準偏差を示したものだ。標準偏差が低いほど、10年間の業績変動が少ない

ことを意味する。ここでは、結果を比較しやすくするため、製造業のみを対象とした（ただし、製薬会社は製造コストよりも研究開発費を重視するビジネスモデルの性質上、営業利益率が通常より高くなる傾向があるので、この表から外した）。

1位のキーエンス（センサー）と2位のファナック（ロボット／FA）がこの期間中、日本で最も収益性の高い企業となった。全体では、業種はFA、エレクトロニクス、自動車部品、先端化学品まで多岐にわたる。2007年にアップルのiPhoneが発売されたが、その中核サプライヤーの多くはやはり日本企業であり、ヒロセ電機、ユニオンツール、コーセルなどが名を連ねた。

おそらく驚きなのが、任天堂（2006年にゲーム機「Wii」が大ヒットした）、シマノ、キヤノンなど知名度の高い企業も含まれるものの、大多数は日本人の間でもあまり知られていない企業であることだろう。業種が幅広いことに加えて、一見すると、少なくとも標準的な決算書を見るかぎり、ほとんど共通点は見当たらない。たとえば、いずれも上場しているが、従業員数は500人程度の企業もあれば、数千人の企業もある。売上高は750億～1兆5000億円と大きい企業が多い。輸出比率は非常に高かったり、それほどでもなかったりする。株式の海外投資家の株式保有比率は7％から50％超まで幅がある。このよう

| | | | | |
|---|---|---|---|---|
| 23 | 信越化学工業(株) | 合成樹脂・半導体シリコン・半導体用封止材等 | 16.28 | 2.54 |
| 24 | (株)島精機製作所 | コンピュータ横編機・自動裁断機・手袋靴下編機 | 15.88 | 6.70 |
| 25 | マブチモーター(株) | 小型モーター | 15.19 | 7.98 |
| 26 | (株)村田製作所 | 電子部品 | 15.06 | 8.88 |
| 27 | 日東工器(株) | 流体継手、磁気ボール | 14.65 | 4.98 |
| 28 | 丸一鋼管(株) | 鋼管・表面処理鋼板・特品 | 14.30 | 3.56 |
| 29 | 東邦チタニウム(株) | 金属チタン・プロピレン重合用触媒・電子部品材料 | 13.81 | 12.29 |
| 30 | 日本セラミック(株) | ハイテクセンサ製品・モジュール製品等の電子部品 | 13.71 | 6.38 |
| 31 | SECカーボン(株) | アルミニウム製錬用カソードブロック SK-B等 | 13.60 | 6.30 |
| 32 | 浜松ホトニクス(株) | 光電子増倍管、イメージ機器、光源、光半導体素子等 | 13.56 | 5.34 |
| 33 | (株)シマノ | 自転車部品、釣具、ロウイング関連用品等 | 13.28 | 2.67 |
| 34 | (株)ローランドディージー | コンピュータ周辺機器 | 13.26 | 5.64 |
| 35 | (株)ユーシン精機 | 産業用直交型ロボット | 13.17 | 3.78 |
| 36 | ウシオ電機(株) | 光応用製品事業、産業機械 | 12.90 | 3.64 |
| 37 | キヤノン(株) | 事務機・商業印刷機・カメラ等・メディカルシステム・産業機械 | 12.83 | 3.60 |
| 38 | オプテックス(株) | センサー、IoT技術 | 12.57 | 4.07 |
| 39 | 上村工業(株) | めっき用化学品・機械 | 12.56 | 1.89 |
| 40 | (株)ディスコ | 精密加工装置 | 12.47 | 11.33 |

資料：日経NEEDSのデータを用いて筆者が作成。

### 図表8　2000〜2009年度で収益性の高い日本企業上位40社

| ランク | 企業 | 事業内容 | 平均営業利益率 2000〜2009年度 | 標準偏差 |
|---|---|---|---|---|
| 1 | (株)キーエンス | センサ、測定器、画像処理機器、制御・計測機器 | 47.48 | 4.45 |
| 2 | ファナック(株) | FA、ロボット、ロボマシン | 32.69 | 6.22 |
| 3 | ヒロセ電機(株) | 高性能コネクタ | 29.42 | 4.76 |
| 4 | (株)三共 | 事務民生用機械(パチンコ機) | 27.56 | 3.90 |
| 5 | (株)ホギメディカル | 医療用不織布・キット製品 | 24.72 | 1.79 |
| 6 | ユニオンツール(株) | 産業用切削工具 | 24.38 | 8.10 |
| 7 | コーセル(株) | 電子機器、電機機械器具 | 23.77 | 5.50 |
| 8 | アリアケジャパン | 畜産系天然調味料 | 22.89 | 6.08 |
| 9 | 任天堂(株) | 家庭用レジャー機器 | 22.75 | 4.22 |
| 10 | HOYA(株) | 精密機械器具 | 21.71 | 5.49 |
| 11 | SMC(株) | 自動制御機器製品・焼結濾過体 | 20.39 | 5.73 |
| 12 | (株)SHOEI | 一般向け、官公庁用オートバイ用ヘルメット | 19.79 | 12.55 |
| 13 | (株)オハラ | 光学ガラス | 19.77 | 9.11 |
| 14 | ローム(株) | 半導体・電子部品 | 19.11 | 9.30 |
| 15 | 日本電気硝子(株) | 特殊ガラス製品 | 18.50 | 7.39 |
| 16 | テルモ(株) | 医療機器・医薬品 | 18.49 | 2.44 |
| 17 | (株)日本デジタル研究所 | 会計事務所や企業経理部門向け会計システム | 18.03 | 2.99 |
| 18 | 太陽ホールディングス(株) | プリント基板(PCB)・ファインケミカル・医薬品等 | 17.56 | 4.59 |
| 19 | (株)野田スクリーン | プリント配線板加工、プリント配線板加工用材料 | 16.95 | 7.92 |
| 20 | (株)日本トリム | 電解水素水整水器・電解水透析システム | 16.85 | 4.78 |
| 21 | メック(株) | 電子基板部品製造用薬品・機械装置 | 16.74 | 4.66 |
| 22 | 北川工業(株) | 電磁波環境、精密エンジニアリングコンポーネント | 16.36 | 5.49 |

に、一般的な会計のモノサシでは、なぜこれほど収益性が高いのかを説明できるパターンを見いだせなかった。

## 2　7つのP

これらの企業についてオンライン情報と財務諸表を使って分析していくと、各社のサイト上の戦略説明に関して共通する特徴がいくつか見えてきた。その後、上位200社のうち20社の経営者や上級管理職に聞き取り調査を行い、収益性が高い主要因を探った。その過程で、ほとんどの企業が語る内容が主に7つのテーマであることに気づいた。

そこで頭文字を揃えて、Profit（利益）、Plan（戦略）、Paranoia（危機意識）、Parsimony（効率性）、PR（Public Relations：情報の透明性）、People（リーダーシップ）、Pride（幸福感）という「7P」で表すことにした。つまり、これらの企業は、売り上げよりも利益を追求し、明確な戦略を持ち、危機感に駆られて猛然と競争に挑み、効率的で、企業の目標や業務内容に関してきわめて透明性が高く、ビジョンを持った経営陣と将来を見据えた人事戦略が存在し、従業員は仕事に満足し、やる気と幸せを感じている。多くの点で、昭和時代の伝

図表9 「7P」の好循環

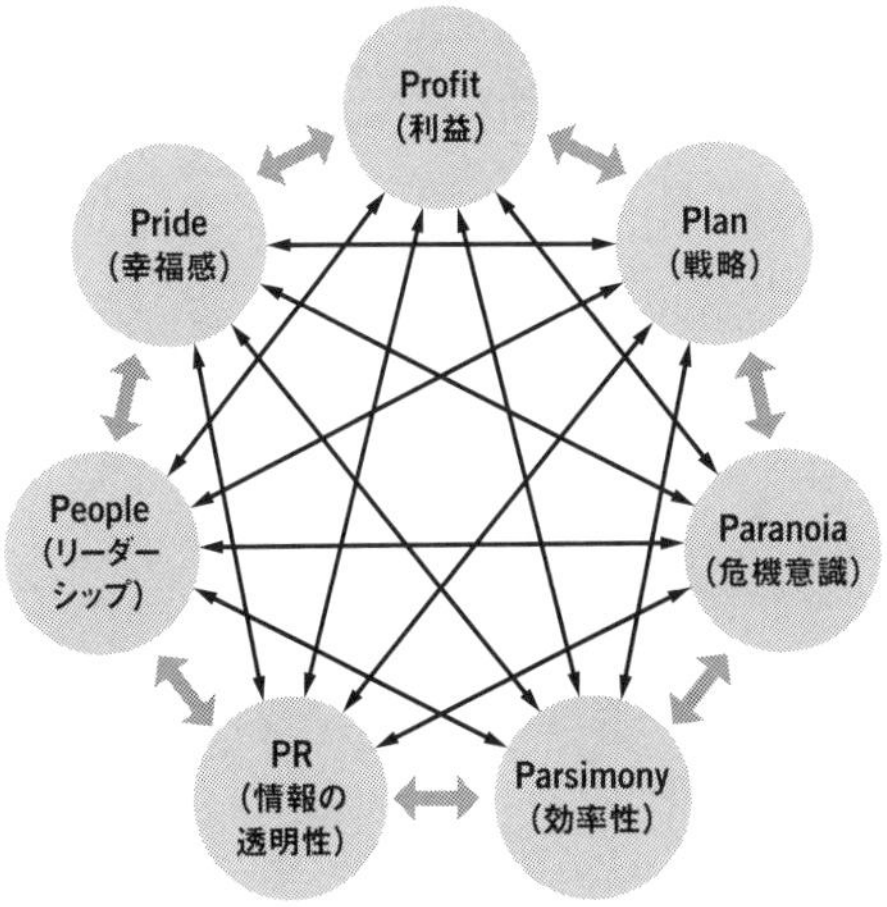


資料：筆者が作成

統的な企業（JTC）の対極にあったのだ。

## ⑴ 利益（Profit）

全企業に共通する第1の特徴は、はっきりと利益を重視していたことだ。収益性で企業ランキングを作成したことを考えれば、これは当然の帰結かもしれない。しかしほとんどの場合、収益性の高さは偶然ではなく、明確に注力した結果である。私が会った経営陣の中には、原則として儲からない事業には手を出さないと説明する人もいた。また、一部の経営者は採算のとれない活動やマーケティング目的を持たない活動はしないと語っていた。たとえば、政府や政治に関与したり、日本経済団体連合会（経団連）など大組織の要職をめざしたりすることは好まない。時間の浪費であって、増益につながるとは考えられないというのだ。

利益追求のための明確な会計指標を設けている企業もあった。たとえば、営業利益率が10％を超えない事業は撤退すると、ある経営者は説明していた。また、電子部品メーカーの経営者も、売上総利益率が30％を下回る注文は受けないと述べていた。それができるのは、市場リーダーで、価格決定力を持っているからだ。

## (2) 戦略（Plan）

こうした企業が市場リーダーとしてのポジションを獲得しているのは、2つめのP、つまり明確なビジョンと戦略の結果である。私が話を聞いた企業は「どのような事業を行うか」、「どのように競争するか」という戦略上の2つの基本的な問いについて明瞭な答えを持っていた。明確に定義されたコア・コンピタンスと、簡潔でかつ焦点を絞り込んだ将来のロードマップもあった。その戦略は秘密ではなく、むしろ主要な構成要素をきわめてオープンに共有していた。

ランキング上位の企業はいずれも、競争に関するビジョンを明確にしたうえで、説得力のある戦略、つまり勝つための計画を立案していた。たとえば、ユーシン精機は、他社が関心を示さない、あるいは参入できない、小さいながらも重要なロボット工学のグローバル市場を切り開いた。NISSHAが開発した自動車内装部材用の印刷技術は、少なくとも当時は高度に専門化された技術だった。ウシオ電機は当時、キヤノンやヒューレット・パッカードのインクカートリッジ方式を自社の非常に高度な映画館用光源に取り入れ、映画館用プロジェクターを安価に販売（もしくは、無料かリース譲渡）し、交換用電球の販売で利益を出していた。ちなみに、ウシオ電機はその後、LEDチップ（LED素子／パッケージ）、レーザーダイオード、光技術を活用した微細加工サービス、さらには、居住空間内のウイルス（コロナウイルスを含む）を不活性化できる新しい紫外線技術を含む公衆衛生など、先進的なフォトニクス技術を開発した。

話を聞くうちに、これらの企業が成功しているのは、自社が市場支配力を持ち、それゆえ高価格がつけられる特殊な市場セグメントを見定めているからだとわかってきた。こうした企業のほとんどが第3章のバブルチャートに寄与していたのだ。

### (3) 危機意識（Paranoia）

1996年、インテルのCEOを長年務めたアンドリュー・グローブは著書『パラノイアだけが生き残る』（日本経済新聞出版、2017年）の中で、企業が長期にわたって成功し続けるためには、名声に安住することはできず、常に危機意識を持って、新技術や新しい競合に目を光らせなければならないと論じた。

同様に、私が話を聞いたシン・日本企業は、急速な市場変化に不意打ちを食らうことをしきりに心配していた。技術的な破壊や新市場の発展を見通そうとするほか、極端に競争的で、新製品開発、顧客との関係性、戦略策定に多額の資金を投じていた。今日でも、上位2社となったキーエンスとファナックはこうした行動で知られている。しかし、他の企業も、常に先に進まなければならないという危機感を持っている点で共通していた。

また、この「後を追われる」感覚によって、依存関係を弱めることにも非常に熱心だった。こうした企業の大半は系列の中核メンバーではなく、メインバンクにもほとんど依存しない。複数の顧客企業を持ち、グローバルで販売する傾向が見られた。特定の取引パートナーと緊密な関係が維持されるかぎり、通常は排他的ではなく、細心の注意を払って展開していた。

## (4) 効率性（Parsimony）

Parsimony は倹約や節約を意味する言葉だが、コスト低減は通常、利益を増やすための第一歩となる。日本企業がコスト削減について語るときには、生産工程の効率化と、おそらく人員削減を指すことが多い。しかし、そこで終わりがちで、伝統的な慣行である報連相（報告、連絡、相談）、永遠に続く会議、見るからに意味のない報告書の提出など、事務レベルではどちらかというと非効率的なやり方を続けている。

ランキング上位企業の多くは、こうした事務的な非効率性をなくすことを狙った経営慣行を整備していた。「物事を完了させる」ことが善しとされ、可能なかぎり手続きを省く。その一例として、私が気づいた点を挙げると、彼らは短い言葉のほうが速いからという理由で、常に丁寧ではあるが、過度に敬語を使わないようにしていた。話を聞こうとアポイントをとる場面でも、すぐに日程調整ができた。電子メールは、少なくとも日本の標準からすれば、端的で短かった。第7章で詳しく見ていくとおり、企業カルチャーを変革するマネジメントは難しいが、やってやれないことではない。リーダーが日頃の社内手続きの効率化に向けて企業カルチャーを変えようと取り組む要素がいくつも見られた。

倹約と集中の別の側面はスピードだ。意思決定のスピードが速い中小企業、特にオーナー系企業は簡単に見つかるが、私が研究したのはほとんどが大企業だ。それでも多くの場合、従業員は明確で広く共有された目標に集中しているように見えた。自社がどこに向かっているのかを心得ており、繰り返し質問する必要はない。それどころか、担当範囲内であれば自分で意思決定できるので、いちいち確認する必要が減って、全員が集中しやすくなっていた。

### (5) 情報の透明性（PR：Public Relations）

PRは広報活動を指すが、ここでは情報開示により透明性が担保されているという意味で用いた。シン・日本企業は財務情報や戦略情報を共有することを広報活動やIR（インベスター・リレーションズ）活動の重要な側面だと考えている。第2章で見たように、昭和の伝統的な会社は情報開示にそれほど熱心ではなかった。というのも、株主の約7割は銀行か、たいてい系列内や取引関係のある企業だったからだ。企業財務の監視はメインバンクに概ね委ねられ、情報開示や積極的なIRの管理は不要だった。

1998年から2000年にかけて行われた会計制度の改革、現在進行中のコーポレート・ガバナンス改革、新しい株主構成が相俟って、日本企業のIRや情報共有に対する考え方は大きく変わった。現在では、有価証券報告書だけでなく、各四半期の決算報告書などをまとめたパワーポイントのファイルなど、各社のウェブサイトで基本的な財務データに簡単にアクセスできる。ただし、開示する情報量や説明内容には依然として企業間で違いがある。

２０００年代初めに高収益企業のランキングを作成した際に、その時点ですでに完全な情報開示に移行し、自社サイトで明確かつオープンに情報を公開する企業の多さに驚いた。その企業の戦略や財務が一目で把握できるのだ。また、こうした企業の多くがＣＦＯ（最高財務責任者）を設置している点も興味深い。それも、単なるローテーション上の担当ではなく、専門的な戦略機能になっていた。

## (6) リーダーシップ(People)

People はここでは経営陣のリーダーシップの意味で用いている。企業の部長クラスに話を聞いて感銘を受けたのは、彼らの明晰さとビジョンにおいてだけではない。自社に対して情熱を持ち、何としてでも成功させようと思っていたところだ。これは、何度倒れても立ち上がる負けじ魂、冒険心を備えた舞の海のような小柄なプレイヤーとして説明できるかもしれない。

こうしたリーダーシップは将来を見据えた人事方針にも反映されていた。年功序列のみを昇進基準としている企業は少なく、ほとんどが有望な人材を即戦力として登用していた。何人かの経営者は、新しい提案、特に上司の意向に挑戦するような提案を出す社員が報われるようにしていると説明していた。その企業カルチャー変革のマネジメントの重要性については、第7章で触れたい。

一部の企業では、年金さえも業績に連動させていた。別の若い企業では、エンジニアの給与がプロジェクトへの貢献度に応じて決められていた。自分の評価に不服であれば異議を唱えることができ、数カ月後に見直しが行われる。別の企業では、自社の評価基準は「厳しいが公平」だとみなしており、「厳しい」部分には絶対的な業績基準を用いていた。このように、態度や勤務時間などの伝統的評価は、従業員が成果を出す能力を評価することに置き換わっていたのだ。

後継者についても多くの場合、社内競争が行われていた。たとえば、オプテックスがそうだ。同社は1979年に小林徹が滋賀県大津市で創業し、日本中のコンビニエンスストアなどで使われている赤外線を用いた自動ドア用センサーを世界で初めて開発した。現在では多様なDX用光センサーを製造している。小林は当初から、創業者一族は採用せず、後継者は社内競争で決めることを明言してきた。同社の経営陣は企業カルチャーの説明として「機関車の比喩」を使った。経営陣がチームを動かすのではなく、協力的で起業家精神に溢れる企業カルチャーの中で、チームが機関車のエンジンとなることが非常に奨励されているというのだ。オプテックスの美しい社屋は琵琶湖沿いにあり、社員が昼休みに楽しむためのカヤックが並んでいたのも印象的だった。

### (7) 幸福感 (Pride)

Pride は、ここでは従業員の満足感や前向きな姿勢を指す言葉として用いている。2000年代初めに、私が感銘を受けたシン・日本企業の最後の特徴は、従業員の前向きな姿勢だ。モチベーションが高く、仕事を楽しんでおり、とても礼儀正しく控えめながら、その会社で働くことに喜びを感じているように見えた。実際の業績に基づいて健全な自信を示し、会社に貢献しようという活力に溢れている。これは2000年代初めには、ともすれば珍しい光景だった。

ひとつには、日本経済が全般的にかなり低迷していた時期にもかかわらず、調査した企業はいずれも好調だったという事実があるのだろう。しかし、人事管理の違いも見過ごせない。ヒロセ電機では、個人に対して特定のプロジェクトについて明確な説明責任を持たせることで、エンパワーメント（権限委譲）とモチベーションにつながると捉えていた。給与と昇進は能力主義をとり、結果を出すために明確な責任を持たせる機会をつくれば、従業員が一生懸命に働き、前進する方法になるというのだ。こうした企業では、全レベルの従業員にとても活気があるように感じられた。

企業研究では幸福感と労働生産性の間に明確な関係があることは実証済みで、職場における幸福感はマネジメントできることも示されている。エンパワーメントの感覚は幸福感の1つの側面であり、従業員が会社の目標に一体感を持つことにもつながる。その結果として、労働生産性が向上している。このことは、上位企業が典型的な伝統的な企業よりも高収益である別の理由だ。

## 3　相互に関連したシステム

この7Pは相互に関連するシステムを形成している（図表9を参照）。たとえば、1つの好循環は、効率性によって利益が増大し、危機意識によって維持され、そこから戦略がより鮮明になり、簡単に模倣されないので自社情報を完全に開示できるようになり、それによって人々のモチベーションが高まるというものだ。あるいは、明確かつ戦略的な方向性を示すリーダーシップをサイクルの起点にすることもできる。そうしたリーダーシップにより、従業員は強い一体感を持ち、非常に効率的で、危機意識にも駆られる。すると、効率性が当たり前で、情報開示は重要な戦術となり、それらが相俟って利益が増えていく。そのロジックの起点をどこにするかは問題ではない。図表9の7P間の矢印はあらゆる方向に展開しうる。

ここで強調したいのは、7Pが共通する特徴であることだ。言うまでもなく、7Pをすべて満たさずに大成功している企業も存在するかもしれない。たとえば、日本電産、楽天、ソフトバンク、ユニクロなどは7Pを満たしていないという見方もできるが、それでも驚異的な成功を収めている。しかし、だからといって「7P」モデルが無効だということでもない。なぜなら、7Pは必要条件ではなく、単に成功している企業の共通特性であるからだ。

また、7Pを満たしている（あるいは、そう主張する）企業であっても、現時点では特に成功していない可能性がある。これは、技術的な賭けに失敗したり、一時的な需要ショックで苦戦したりしているのが要因かもしれない。しかし、7Pを完備し、確固たる技術基盤とイノベーションの組織能力を持っていれば、長期的には成功するというのが私の考えだ。

## 4　7Pのチェックリスト

「7P」企業をどのように見分ければよいのかと思案する読者もいるかもしれない。図表10の簡単なチェックリストを使えば、その企業がうまく経営されているか、将来の成功を見込めそうかについて確認することができる。

繰り返しになるが、7つの特徴をすべて兼ね備えていない企業であっても、成功する可能性はある。しかし、7Pは戦略策定や経営実践に関してどこを見るべきかの参考になる。これについては、次章以降で取り上げたい。

## 5　今日の7P

ここまで説明してきた研究結果は少し古臭いと思う人もいるかもしれない。しかし、あえて本書で取り上げるのはなぜか。それは、コーポレート・ガバナンス改革など、第2章で説明したいくつかの変革が実施される前の2001年から2010年までの数年間を対象とし

図表10 「7P」チェックリスト

| P | チェック項目 | ○ | × |
|---|---|---|---|
| 1 | 経営陣は、自社がどのように利益を得るかについて伝えているか。 | | |
| 2 | 自社や担当事業の競合上位5社について、従業員は統一した見解を持っているか。競合他社に勝つ方法が明確に設計されているか。 | | |
| 3 | 常に新しい事業を探索し、技術変化に注意を払っているか（これに対して、日々の売り上げ、報告、会議のほうが重要か）。 | | |
| 4 | 会議は効率的に開かれているか。発言や（職位に即した）意思決定をする権限が与えられているか。 | | |
| 5 | 自社のウェブサイトで自分たちの活動が正しく説明されているか。将来のビジョンや10年後の自社の姿の説明はあるか。財務情報が完備されているか（注：中期3カ年計画は除く）。 | | |
| 6 | 経営者にビジョンがあり、従業員は経営陣を尊敬しているか。 | | |
| 7 | 会社全体で従業員が生き生きと働き、貢献しようと思っているか。 | | |

出所：筆者が作成

ていることだ。21世紀の最初の10年間には深刻な金融危機、小泉ブームによる短期の回復、世界金融危機が起こり、第2の「失われた10年」とも呼ばれた。

この研究が意味するのは、当時の高収益企業はきわめて秀逸なことを行っていたということだ。「失われた10年」という評価を「変革の10年」に修正する意味でも、ここでこの点を再確認しておく価値がある。「日本の終焉」を嘆いていた時代においても、世界の最前線で競争している超強力な日本企業は存在した。金融危機後の暗黒の時代にも、日本には希望の光があったのだ。

この研究を現時点でもう一度行った場合、おそらく読者が思うほどではないにせよ、ランキングは少し違ってくるだろう。キーエンス、ファナック、ヒロセ電機、HOYAは依然として上位を占めるはずだ。2022年度の営業利益率はそれぞれ55・36%、25%、24・9%、28・8%だった。また、村田製作所（23・4%）のように順位が上がる企業もあれば、下がってしまう企業もあるだろう。

こうした順位の変化は2つのことを物語っている。一方には、グローバル・リーダーシップを伸張させる強力な技を見つけ、長期にわたって好調を維持してきた企業がある。他方で、特定の時期に恩恵を受けた企業や、特に辣腕経営者が在籍していた6年間は良かったが、結局その勢いを保てなかった企業もある。ここから7Pが失敗に対する予防接種になりえないことがわかる。成功に向けた経営は継続的なプロセスであり、頂点に立ったからといって変革の作業が終わるわけではない。第5章で取り上げるように、戦略は継続的にアップグレードしていく必要があるのだ。第6章と第7章でも、企業カルチャーの変革マネジメントが常に気を配るべき継続的な取り組みであることを見ていく。

日本には、一般的に認識されているよりも、優れた経営をしている企業は多い。それは業種や業態を問わない。こうした企業のいずれにも、進むべき道を明示し変革をうまく進める力を持つビジョナリーのリーダーがいる。それが日本の再興における先頭ランナーである。

# 第5章

# 「舞の海戦略」の設計

この章では、不確実な時代に日本企業がどのように未来戦略を設計し、技術選択をするかを考えていく。このタスクに非常に有効なツールは「イノベーション・ストリーム・マトリックス」という2×2の枠組みだ。変革と刷新をうまく進めている企業でよく用いられており、探索と深化のバランスをとりながら時間とともに変革する「両利きの経営」の出発点にもなる。ＡＧＣなどの事例を引きながら、日本企業にもこの枠組みが役立つことを説明したい。

## 1　選択と集中の方法——イノベーション・ストリーム・マトリックス

舞の海の成功の秘訣は絶えずアップグレードすることだ。33の技を習得することが競争で一歩先行し続ける術だった。新しい技を使えば、対戦相手には真似ができない予想外の動きが可能になる。舞の海は相手の意表を突くユニークで難しい技を身につけ、絶えず革新を続けることで、それをやってのけた。対戦相手も当然ながら彼の技を研究したが、舞の海がイノベーションを続けるかぎり、簡単に追いつけなかった。確かに、常に成功するわけではない。ある打ち手に賭けたものの勝利に結びつかないこともあった。しかし、舞の海は失敗しても、各新技の勝率を見極め、計算ずくでリスクをとり、新たな勝負を続けた。

舞の海が日本の現在のビジネス変革のイメージに最適な理由はそこにある。将来を見据えた技術を構築する際に計算されたリスクをとることは、国内だけでなくグローバルで変革と刷新に成功している企業がとっている手法だ。こうした企業の多くは、スタンフォード大学のチャールズ・A・オライリーとハーバード大学のマイケル・L・タッシュマンが開発した「両利きの経営」という枠組みを活用している。[6] その共著書にはIBM、ネットフリックス、アマゾンなどアメリカ企業の事例が多数紹介されており、日本でもベストセラーになった。両利きの経営は、変革戦略を実行するツールだ。企業は既存事業を深化させる（それによって利益やキャッシュフローを生み出す）と同時に、絶えず新しい事業領域を探索すべきだとする。これが日本の変革に有効であることは実証されてきた。

経営戦略の最も基本的な論点は「自社はどんな事業を行うか」、「どの事業を行うべきか」だ。「舞の海戦略」に転換し、最先端技術で競争し、今後の自社のアイデンティティを決め

[6] チャールズ・A・オライリー、マイケル・L・タッシュマン『両利きの経営（増補改訂版）』（東洋経済新報社、2022年。加藤雅則、チャールズ・A・オライリー、ウリケ・シェーデ『両利きの組織をつくる』英治出版、2020年）。

図表11　イノベーション・ストリーム・マトリックス

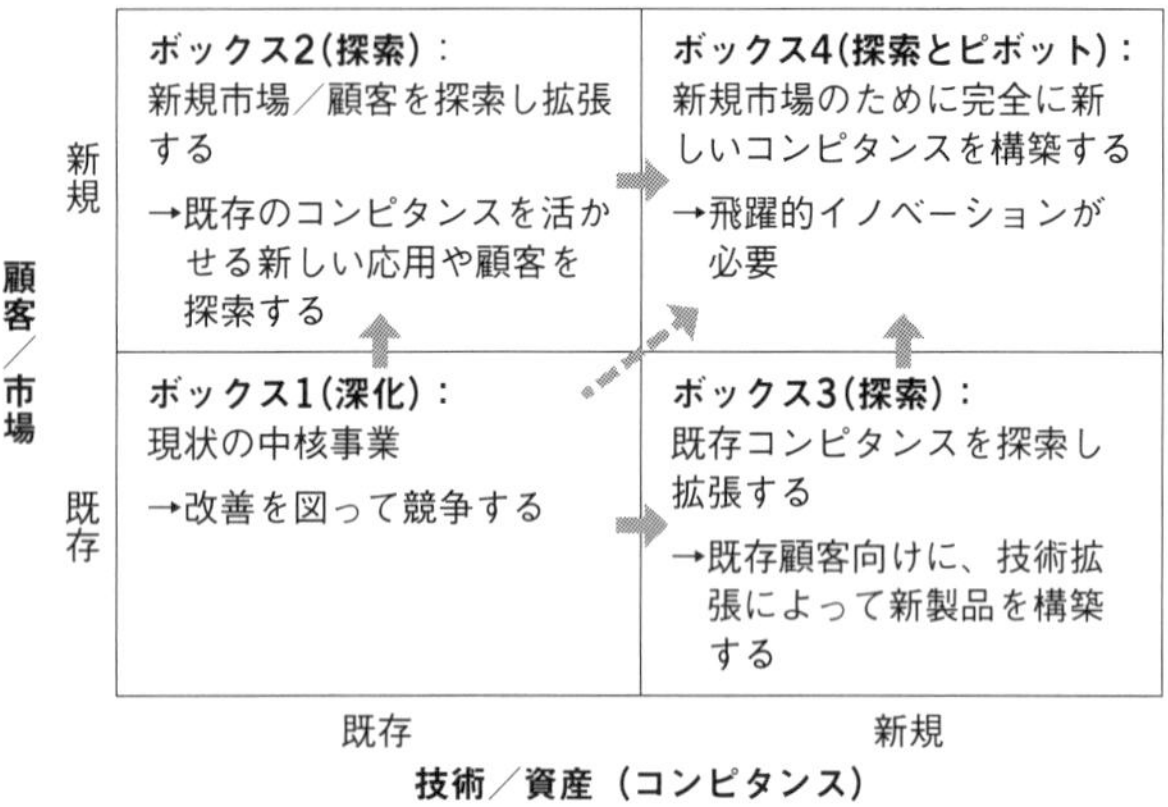


出所：筆者が作成

る場合、これは重要な意思決定となる。決めるべきことは次のとおりである。①自分たちはどのような企業で、現在のコア・コンピタンスは何か。②このコア・コンピタンスを、ユニークかつスマートで、つくるのも模倣するのも難しい新規事業にどのように広げられるか。

「イノベーション・ストリーム・マトリックス」（図表11）はこの2つの答えを出すためのツールであり、経営陣が将来的にどの技術で勝負するのかを合理的に考えるうえでの指針となる。マトリックスの軸は「顧客／市場」と「技術／資産」（コア・コンピタンス）だ。どちらにも「既存」と「新規」という次元がある。この2軸と2次元を掛け合わせると、4つのボックスができる。このうち左下のボックス1は「深化」だ。ここに入るのは現状のコア・コンピタンスであり、既存の技術と資産を使って既存の顧客や市場にサービスを提供する。

残りの3つのボックスは「探索」に当たる。ボックス1を「現状」として、既存製品（技術）を新しい顧客や市場（ボックス2）へ展開していけば、拡大の道筋を描くことができる。最もシンプルな例は海外（新市場）で販売することだ。あるいは、カメラなどの既存技術を、写真を撮る人々のみに売る（B2C）のではなく、少し手を加えて携帯電話メーカーに販売する（B2B）のも一例だ。

既存市場向けに新しい（より良い）技術を開発して、右方向に拡大を図ってもよい（ボックス3）。たとえば、自動車メーカーに販売してきた鉄鋼会社は時間とともに、自動車の安全性のためにより優れた新タイプの特殊鋼や素材を開発しようとするだろう。同じく、ソニーはウォークマンの開発でこの方策を使った。1979年にソニーが創意工夫してカセットプレーヤーを小型化したおかげで、テープレコーダーやカセットテープをすでに持っている消費者も、長い通勤時間中に使うために、はるかに小型になったオーディオシステムを購入できるようになった。

ボックス4は現状の中核事業から根本的に脱却し、新技術の発明に基づく新製品開発を選択する。既存の購買層から離れて、新しい顧客や市場に向けた製品をつくっていく。ソニーがエンタテインメント業界に参入した戦略はボックス4であり、ハリウッドで映画館や映画鑑賞者（新しい購買層）向けに映画を製作した（新しい組織能力）。同じく、パナソニックは現在、航空機用エンタテインメント・システムに強みを持っている。相変わらずエレクトロニクス関連だと思うかもしれないが、新しい顧客（航空会社）に一連の新技術（複雑なシステム設置）を販売している。かつてカメラを製造していたオリンパス、ＨＯＹＡ（現ペンタックス・メディカル）、富士フイルムは自社の技術を内視鏡などの医療機器へと事業を広げている。

同様に、自動車業界で、ガソリン車からバッテリーや水素を動力源とする電気自動車へと移行するのはボックス3への拡張だ。ただし、トヨタによる空飛ぶ自動車（ｅＶＴＯＬ）への投資や、ホンダが成功したプライベートジェット事業の構築はボックス4への移行といえる。こうしたドローンや航空機の買い手は、車の運転手ではなく、パイロットやドローンオペレーターであり、技術も異なっているからだ。

企業が将来の競争スタンスに関するビジョンを策定するときに、各ボックスで考えるべき項目は次のとおりだ。
〈ボックス１〉 改善や効率性の向上などを通じて、既存の中核事業が競争で強みを発揮し続けるには、どうすればよいか。つまり、既存事業を「深化」させて将来の事業開発に必要なキャッシュフローを生み出していくために、どうすればもっと良くなるか。
〈ボックス２〉 既存技術の新たな応用や海外進出など新市場の新規顧客に、どのように既存技術を使って販売できるか。
〈ボックス３〉 新技術の開発を通じて、既存顧客をどのように支援できるか。そのために必要な新しい組織能力は何か。
〈ボックス４〉 完全に新規顧客のために、まったく新しい技術やアプリケーションを開発するにはどうすればよいか。また、新興市場に売り込むために、どのような新しい組織能力を必要とするのか。

日本のほとんどの化学企業が今、この2×2のマトリックスで整理できるような進化を遂げつつある。三菱ケミカルグループから三井化学に至るまで、日本の伝統的な基礎化学品メーカーは今、いかにコモディティ化した化学品を基本としながら、より高度な新市場や新技術へと成長するかを再検討している。この業界が受ける圧力には、汚染度の高い事業に炭素税を導入することや、株式市場からの「コングロマリット・ディスカウント」などがあり、回避するためにはボックス3や4に移行するしかなさそうだ。

しかし実のところ、ボックス4への移行はかなり難易度が高い。イノベーションと新しい販売チャネルの開拓という観点だけでも課題に遭遇するだけでなく、社内的にも完全なアイデンティティの転換と企業カルチャーの変革が要求される（第7章参照）。したがって、両利きの経営で深化と探索を追求している企業のうち、ボックス1からボックス4へと直接移行している例はごくわずかだ。まずボックス2と3に進出してから、ボックス4に移行することが多い。

## 2 イノベーション・ストリーム・マトリックスによる長寿化

前向きなビジネス展開に関する戦略的思考には終わりはない。それはたゆまぬ努力を続けることだ。舞の海が同じ技に安住し繰り返し使うことができなかったように、国際競争力の

図表12 将来のイノベーション・ストリーム・マトリックス

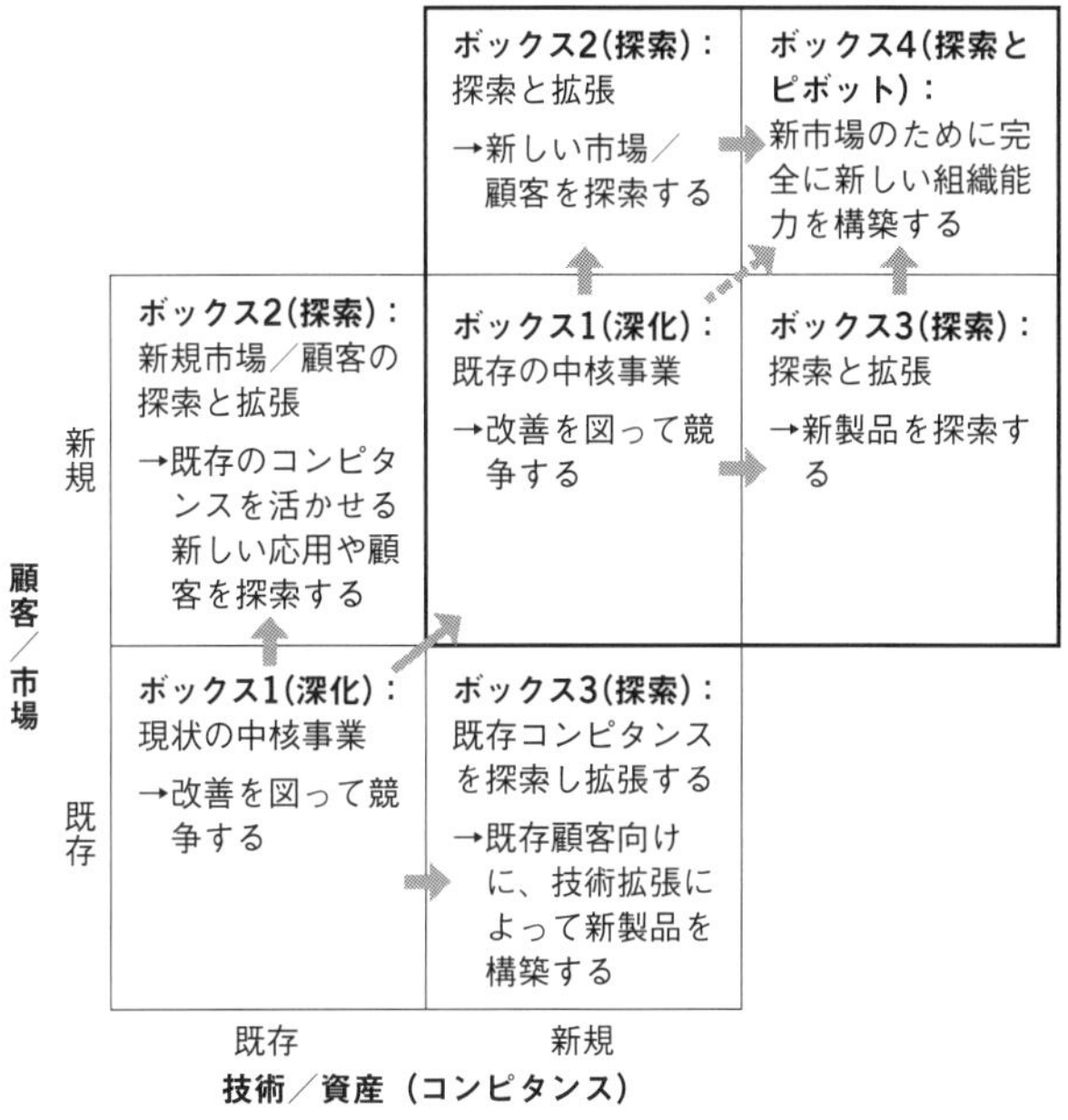


出所：筆者が作成

ある企業であっても、競合他社より優位に立ちたいならば、常に新しい事業セグメントを「探索」し続けなければならないだろう。

ボックス１のみにとどまっている企業はいずれ成熟し衰退していくだろう。これはあらゆる業種に当てはまることだ。航空会社は少なくとも部分的にＶＲ（仮想現実）ツーリズムに、ホテルはエアビーアンドビー（民泊サービス）に、タクシーはウーバーに取って代わられるかもしれない。こうした業界の企業はいくつかのトレンドを見通して、この新しい競争で先手を打つために新しいビジネスモデルを模索していたことだろう。

こうした拡張は将来への投資となる。最終的にボックス1から撤退し、かつてのボックス4が新しい中核事業、つまり新しいボックス1になる。図表12はこの移行を示したものだ。これは現在進行系であり、多くの日本企業がすでに経験してきた。

なかには、ボックス1から抜け出せずに最終的に屈する企業も出てくるだろう。しかし、第2章で取り上げたように、たとえ選択肢が少ないという理由であるにせよ、イノベーション戦略を見直す日本企業は今増えつつある。自動車会社、特にトヨタは自動車販売よりも、「MaaS」（モビリティ・アズ・ア・サービス）の提供者になることを検討している。スーパーマーケットや外食チェーンは高度な物流などに投資を行ってきた。リクルートは人材紹介会社からGAFA（グーグル、アップル、フェイスブック、アマゾン）と同じ土俵でAI（人工知能）サービスをめぐって競争する方向へと移行している。最近の新聞を読めば、こうした記事が多数見つかる。

すでに中核事業の再興を繰り返してきた一例がイビデンだ。1912年に岐阜県大垣市で揖斐川電力株式会社として創業し、その後数十年で、発電から電炉製品（1917年から

1919年）、建材（1960年）、プリント配線板（1972年）、セラミックファイバー（1974年）へとピボットし、社名を何度も変更しながら発展してきた。イビデンは今日、電子部品とセラミックスの企業として、コンピュータ、データセンター、半導体用パッケージ、自動車部品などの業界に素材を供給している。半導体の成形、積層、微細配線技術で世界をリードし、第3章で紹介したバブルチャートのドットの1つを構成している。2022年度の年間売上高は約4000億円、営業利益は約700億円（営業利益率17・5％）であり、東証プライム市場に上場している。このように、イビデンは110年を超える歴史の中で、コア・コンピタンスの最先端技術を押し広げることで、新しい技術や市場へと絶えずピボットしてきた。

　ボックス4にピボットしている事例が富士フイルムだ。思い起こしてみれば、「富士写真フイルム」はもともとアナログ写真フィルムと印画紙の世界的リーダーだった。その後、カメラ、フィルム加工、プリントショップが追加された。しかし、2023年3月時点の売上構成は、事務機器29％、半導体材料24％、カメラ14％であるのに対し、ヘルスケア事業が全体の32％となっている。その大半を内視鏡を含む医療機器が占めており、バイオ医薬品製造受託（CDMO）がそれに続く[7]。バイオやヘルスケア・ソリューション、化粧品の利益率は他

図表13　AGCの再興

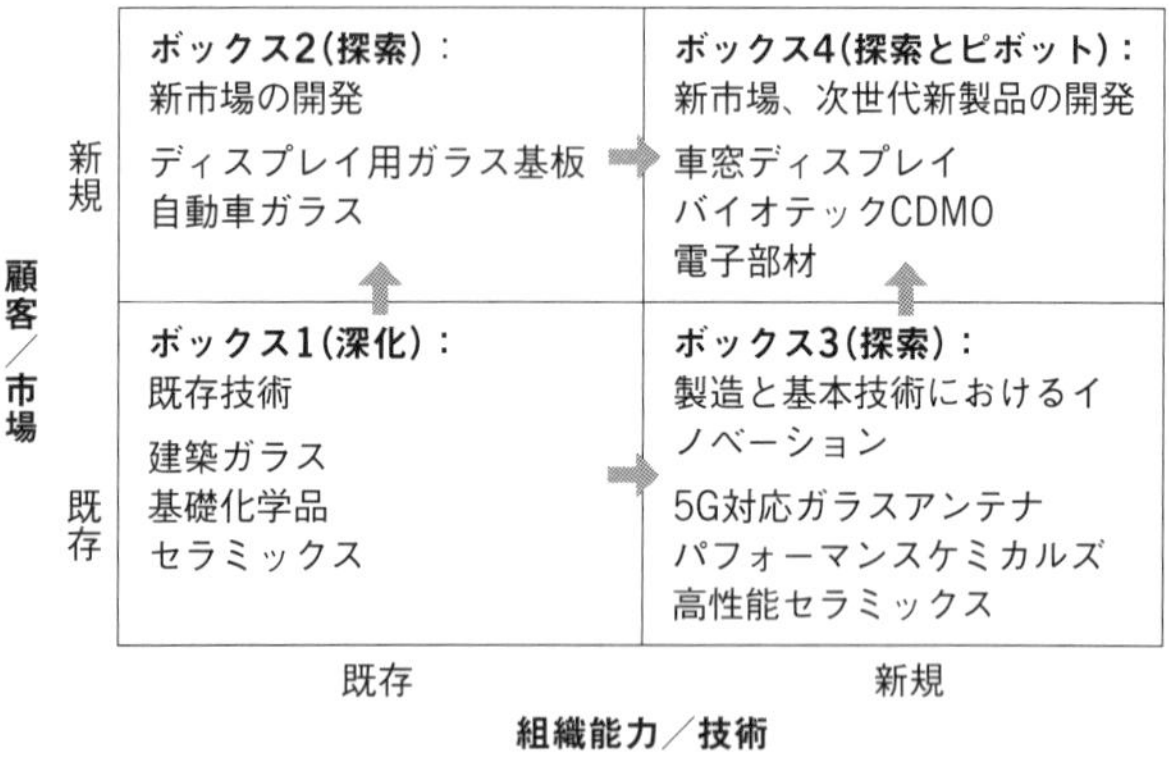


出所：筆者が作成

の事業よりはるかに高い。このように、富士フイルムが長年培ってきた界面化学のコア・コンピタンスは、再生医療やバイオテックへの積極投資を通じて継続的に拡張されてきた。

　最後に挙げる事例はＡＧＣだ。同社はコモディティ化したガラスや化学品のメーカーから、先端素材メーカーへと変貌を遂げている。現在は世界最大のガラス・素材メーカーとして、売上高は１５０億米ドル（２兆２５００億円）を超え、30カ国以上で５万７０００人の従業員を擁している。その変遷をまとめたのが図表13だ。

　ＡＧＣの当初の中核事業は建築ガラス（建築・産業用の板ガラス）、基礎化学品、セラミックスだったが、過去数十年でこれら中核領域から新たな探索事業を構築してきた。ガラス事業では、ディスプレイ用ガラスと自動車用ガラスという新市場を追加した（ボックス２、電機や自動車のメーカーに販路拡大）。ガラス技術でイノベーションも起こし、５Ｇ（第5世代通信）ネットワーク用アンテナをはじめとするＤＸ向け建築ガラスを新たにつくり始めた（ボックス３、建設会社など既存顧客向けの新製品）。現在はボックス４で提供するガラスについて、モビリティ分野の高性能なガラス（自動車用ガラスアンテナなど）へと拡大している。

化学品とセラミックスでも同様に、既存の中核事業で継続的なカイゼンを行っており、新製品や新市場にも積極的に進出している。これは、パフォーマンスケミカルズ（機能化学品）とより高度なセラミックス（ボックス３）への進出を意味し、今はライフサイエンス（医薬品製造受託）と高度な電子部材を手掛けるためにボックス４を探索中だ。ＡＧＣはこうした形で先端素材とライフサイエンスのリーダーをめざしている。

ＡＧＣは一連の動きを設計する際には慎重を期し、拙速に進めないようにしている。通常はボックス１からボックス４への直接的な移行を試みることはない。また、化学品、ガラ

［7］「富士フイルム、『医療の巨人』へ変貌　製造世界一狙う」２０２３年8月23日、日本経済新聞。

ス、セラミックスという3つの中核事業はいずれも固定費が大きく、生産スケジュールも複雑だ。現在の中核事業（ボックス1）の価格に響かないように、入念に移行を計画しなければならないだろう。これには時間がかかるが、ＡＧＣは着実に別会社へと自己変革している（第7章で、ＡＧＣの事例を用いて、どのように社内のカルチャーを変革していったかを見ていく）。

## 3　多角化との違い

絶え間ない「探索」、つまり新規事業開発の実験が、バブル期に見られた多角化とどう違うのかと疑問に思う読者もいるかもしれない。この2つを比べると、戦略の見通しが根本的に異なる。昭和時代のやり方は、多種多様でとかく無関係な製品市場に参入することで成長をめざしていた。たとえば東芝は、電力システム、エアコン、エレベーター、洗濯機、パソコン、ハードディスク・ドライブ、航空管制システム、医療機器、半導体、ＵＳＢメモリ、量子暗号サービスなど、さまざまな製品を製造するようになった。

こうした異なる事業が、一連の明確に定義されたコア・コンピタンスの延長として、どのように相乗効果を生み出したのかはわかりにくい。そのため、東芝の長期に及ぶ事業分野の拡大は、健全かつ戦略的な打ち手というより、無軌道に行われてきたように見える。平成時代の東芝の事業を前述の2×2のマトリックスで整理するのは不可能だろう。

このマトリックスが示すのは、まったく異なるアプローチだ。現状の資産を関連技術へと拡大し、時間をかけてアップグレードすることを見据えた、戦略上の意思決定ツリーのロードマップとして使える。これは、財務目標を含んだ典型的な3カ年の中期計画とも大きく異なっている。どちらかといえば、将来の事業成長のロジックを示すものだ。どうすれば現状の組織能力を新規事業に応用して、DXの技術リーダーになれるだろうか、と。

この戦略ロードマップの実行については、企業カルチャーの変革を進め、従業員を味方につけ、新しいイノベーションの取り組み方を構築するために必要なことを含めて、以降の章で説明したい。両利きの経営の枠組みが日本でこれほど普及した事実は、まさに日本で変革が進行中であることを示す目印の1つだ。2×2のマトリックスは先頭ランナーや改革を進める企業を見分ける際にも役立つ。先行する企業は将来的な自社の強みについて明確なビジョンを持ち、それに向かってターゲットを定めて技術で勝負に出ている。

# 第6章

# 日本の「タイト」なカルチャー
## ――なぜ変化が遅いのか

この章では、文化の定義と、時間とともにどのように企業カルチャーが形成され持続するかを考えたうえで、「タイト・ルーズ理論」と呼ばれる国際ビジネス論の新しい枠組みを紹介したい。この枠組みでは、人々の行動を比較するだけでなく、各国の文化、そして各社のカルチャーの違いを「タイト」と「ルーズ」を両極とする1つの尺度で説明する。日本はタイト、アメリカはルーズに分類されるが、一方が他方よりも優れているのではなく、単なる違いにすぎない。

この枠組みは、第7章で取り上げる企業カルチャーの変革に必要なものや、第8章で考察する日本のイノベーション・エコシステムがシリコンバレーとは大きく異なる背景を理解するのに役立つ。なお、本書では、culture の訳語として、国に関する場合は「文化」、企業に関する場合は「カルチャー」としている。また、culture の理論や分析で「norm」という言葉を用いるときには「行動様式」の訳を当てることにする。

## 1 「安全第一」日本

1980年代に私が留学生として初めて来日したとき、多くの工事現場で「安全第一」と書かれた白地に緑十字の安全旗がはためいているのに気づいた。大勢の日本人が絶えず安全に気を配っているので、これは日本の国是に違いないと思った。その後、このロゴは実際は、アメリカの安全運動に触発されて設立された安全第一協会が１９１９年に安全な職場と都市を推進するためにデザインしたものだと知った。しかし、最初の頃によく持った印象はいまだに変わらない。ドイツやアメリカと比べて、このスローガンは多くの場面での日本人の行動や傾向を表すのにぴったりなのだ。

「安全第一」を気にかけている表れとして、日本では諸外国に比べて規則や規制も多い。たとえば、東京駅の丸の内オアゾの前に「禁煙」、「集会禁止」などごく普通なものから、「第三者に迷惑をかけるな」、「地域の景観を守りましょう」まで、12種類もの注意書きがあったことだ。もちろん、アメリカやドイツでも公共の場で注意喚起することはあるが、それに比べても、また、平均的に見ても、日本の人々は（在日外国人も含めて）注意事項をよく守っているように思われる。

慎重でルールを守ることは、日本の企業にも見ることができる。今日では、変化のペースの遅さ、ルールや規制の多さ、リーダーをはじめとして多くの人がリスク回避的なことに辟易としている日本人は多い。アメリカ人にとっても、日本の遅い行動を見るのはしばしば苦痛だ。では、なぜそうなってしまうのか。新しい国際ビジネスの研究によると、この疑問の答えは、国の文化における重要でかつ根強い違いから生じているのだという。

## 2 カルチャーとは何か——３つの次元

アメリカでは、特に心理学出身の組織行動学者たちが長年、企業カルチャーとそのマネジメント方法について研究してきた。スタンフォード大学ビジネススクールのチャールズ・A・オライリーは、１９８９年に発表した代表的な論文の中で、カルチャーとは**社会的につくられた行動様式**の体系だと定義している。[8] この行動様式は**「同調圧力」**を通じて強制される。要するに、法規制だけでなく、**周囲の人々が私たちを観察し、私たちの行動を評価していると知ること**によって、行動は影響を受ける。

オライリーはカルチャーをより良く分析するために、行動の様式には内容（コンテント）、合意（コンセンサス）、強度（インテンシティ）という３つの次元があるとする考え方を提唱した。

**●内容** 何が「正しい行動」なのか、つまり、何が許され、何が駄目なのかという規定を指す。たとえば、東京では地下鉄に乗っているときに大声で話したり飲食したりするのは禁物だが、ニューヨークでは多くの人がそうしている。ドイツでは人前で鼻をかんでもまったく問題ないが、日本では失礼にあたる。日本の会社の会議で若手社員が真っ先に発言するのは憚られることかもしれないが、カリフォルニアでは年齢や経験で発言の順番が決まることはない。どの行動が正しく、どれが間違っているかというルールが行動様式の内容となる。

**●合意** 「正しい行動」とされることに人々が同意する程度を指す。ニューヨークの地下鉄では、どのように振る舞うべきかの合意はそれほどなさそうだ。非常に静かな人もいれば、芸術的なパフォーマンスを見せる人もいる。逆に言えば、合意があるかぎり「何でもあり」なのだ。これに対して、日本の地下鉄は注意事項の多さが際立っている。気配りや親切の印とみなせるものもあるが、それでも行動を規定するものだ。一部では電

[8] Charles A. O'Reilly III, 1989, "Corporations, Culture and Commitment: Motivation and Social Control in Organizations", *California Management Review*, Vol 31, pp. 9-25. (reprinted in 2008, Vol 50, pp. 85-101)

車に飛び乗ってくる人もいるが、ホーム上の線に沿って整然と並び、電車や駅を清潔に保つために最善を尽くしている人の多さには驚かされる。大多数の人が行動様式に同意し、それを守っている場合、合意の度合いが高い。

●**強度** 人々が特定の「正しい行動」をどれだけ強く感じ、誤った行動や逸脱する人を叱ったり罰したりしようとするかどうかを指す。誰かが無作法な振る舞いをしたときに、他の人はどうするか。ただ受け流すのか。それとも、行動に移して、それはふさわしくないと諭すのか。さりげない強制メカニズムでは、じろじろ見たり、恥ずかしく感じさせたりする程度だが、厳格な強制メカニズムでは、仲間はずれにしたり、いじめのように残酷な形をとることもある。

culture はある国で見られる行動を考えるうえで役立つ。というのも、その国の歴史的な経験、伝統、宗教、教育制度、環境、天候などが行動を形作っているからだ。しかし、これから見ていくように、企業カルチャーを語るときには、会社における「行動様式」として捉えたほうがよい。

## 3 「タイト」から「ルーズ」までの分布範囲

「タイト・ルーズ理論」と呼ばれる枠組みは、スタンフォード大学ビジネススクールのミシェル・ゲルファンド教授の2011年の論文で初めて紹介された。ゲルファンドはこのテーマで2018年に『ルーズな文化とタイトな文化』（白揚社、2022年）という本も執筆している。

タイト・ルーズ理論という新しい洞察によると、一国の文化は外側の目につく部分（行動面で観察される「内容」）であって、氷山の一角にすぎない。文化の違いを真に比較するためには、むしろこうした行動の基盤となっているもの、すなわち、人々が正しい行動だとどれだけ強く感じているか（合意）、逸脱者にどれだけ寛容か（強度）について掘り下げてみる必要がある。この枠組みの中心的な命題は、強度と合意の両面で国ごとに違いが根強く存在することだ。外的ショックが一時的に国を変えてしまったり、正しいとされる行動が変化したりすることはあるが、全体的に見れば、こうした違いは長期にわたって持続する。

これは2000年代初めに33カ国の6823人を対象にした入念な実証研究によって証明

されている。同調査では被験者に、日常生活のさまざまな場面について、公共の場でその行動をとることが適切かどうかを評価してもらった。たとえば、「エレベーターの中で物を食べてもよいか」、「図書館で話してもよいか」、「職場で罵声を浴びせてもよいか」、「教室で大きな笑い声をあげてもよいか」、「葬式でいちゃついてもよいか」、「街の歩道で歌ってもよいか」、「レストランでヘッドホンを使ってもよいか」といった項目だ。

それぞれに「まったく問題ない」、「たぶん問題ない」、「わからない／気にしない」、「たぶんよくない」、「絶対によくない」という5段階で答えてもらい、そこから同意の度合い（問題ない、よくない）と強度（まったく、たぶん、絶対に）を測定した。ほとんどの人が正しい行動について合意し強調もしていた（「まったく問題ない」、「絶対によくない」）国はタイトな文化と呼ばれ、答えがバラバラで「わからない／気にしない」と答える人が多かった国はルーズな文化に分類される。

図表14は、ゲルファンドの研究対象国の文化スコアを示している。分布を見ると、日本はタイト寄り、アメリカはルーズ寄りに位置する。民主主義の先進国（小国を除く）に限定すると、日本は最もタイトな国に、アメリカは最もルーズな国に入る。繰り返しになるが、このランキングでは内容は考慮されない。そのため、インドと日本では正しい行動の定義が根

**図表14 33カ国のタイトの度合い**

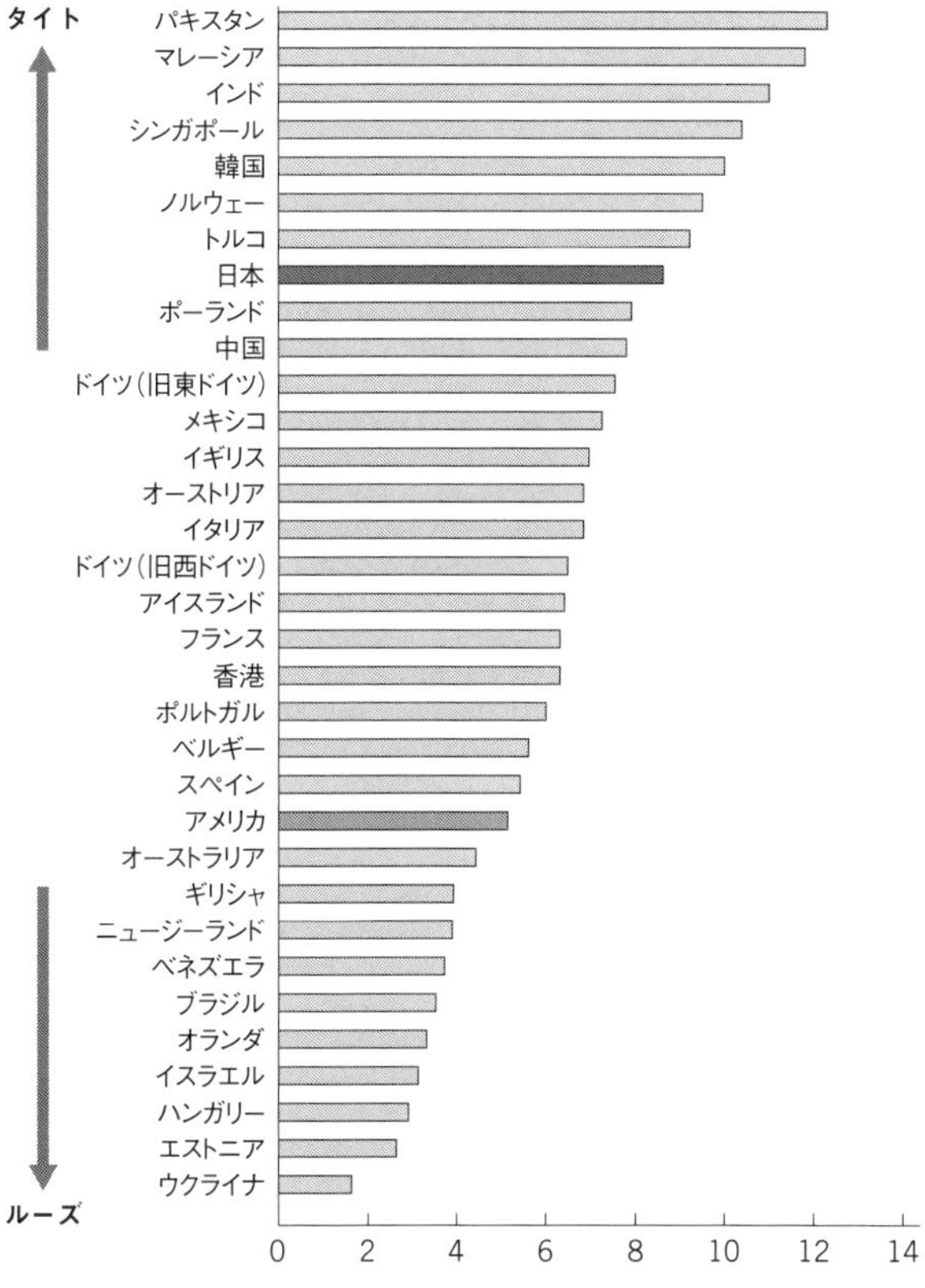


出典：Gelfand et al. (2011), "Differences between tight and loose cultures: a 33-nation study," *Science*, 27 May 2011 Vol 332, Issue 6033, pp. 1100-1104のデータより筆者が作成。

本的に異なるが、どちらもタイトな文化に位置づけられる。インドは、交通などの公共空間についてはかなり混沌として見えるかもしれないが、社会全般はカースト、権威、性別などを中心にきわめて厳格に構造化されている。タイト・ルーズ理論は観察可能な行動ではなく、そうした行動の根底にある強さや強制力を指しているのだ。

大国の場合、国内で地域差が見られるかもしれない。アメリカはルーズな文化だが、カリフォルニア州シリコンバレーは一般的にマサチューセッツ州ボストンと比べてよりルーズだと考えられている。

ニュージーランドとイスラエルはアメリカよりもさらにルーズ側に位置し、ドイツはその中間だ。興味深いことに、東西統一から25年以上経った今でも、旧西ドイツのほうが共産主義体制下にあった旧東ドイツよりもルーズであるという結果になった。

タイトとルーズの違いについて、外見やファッションなど日常生活の例で見ていこう。日本では職場の服装に厳しい規則を設けている企業が多いが、カリフォルニアではみんな基本的に好きなようにできる。たとえば、同僚がいきなり髪を青く染めて出勤してきたとしよう。カリフォルニアでは「あら、かわいい」、「素敵な色だね」と声をかけつつ、ほとんどの人は肩をすくめて、たいして気にしないだろう。ドイツではめったにない出来事であり、誰も何も言わないかもしれないが、職場によってはキャリアに支障をきたすこともある。日本では、これは会社員らしからぬ行動だ。やってみる人がいたとすれば、みんなからじろじろ見られ、すぐさま「この人は大丈夫だろうか」と心配されてしまう。

タイトとルーズの両極では、すべてにおいて束縛が強すぎるか、混沌としすぎる可能性がある。しかし、どんな文化にも逃げ道となる「ガス抜き」の瞬間がある。たとえば、ルーズな文化圏の住人の多くは、合唱団で歌う、ヨガをする、空手を習うなど、高度に体系化され、全員で一斉に同じことをするような趣味を大いに楽しむ。逆に、タイトな文化圏の住人にとって、居酒屋やカラオケ、いつもと違う行動のとれる海外旅行などが、硬直的な世界から逃れるガス抜きの機会になる。こうした安全弁に支えられて、国内の仕組みは長期にわたって安定するのだ。

## 4　行動はいかに強制されるか——同調圧力と恥

個人の行動は性格や生い立ちで決まると思うかもしれないが、それだけではない。それに加えて、ほとんどの人は他人の行動を見倣う。なぜなら、人間はもともと集団の一員となって溶け込みたいという願望を持っているからだ。私たちは学校、クラブ、職場など新しい状況や集団に入ると、他人の行動を注意深く観察し、同調することで受け入れられたいと思っている。たとえば、在日外国人が電話で話すときにお辞儀をすることがあるが、それは親から教わったことではない。日本人を見て同じ仕草をすることで、溶け込みたいと思っているのだ。**周りの人が自分を見て評価していると認知することで「同調圧力」が働く**。

その主な原動力は他人の反応を察知する能力だ。英語では「social radar」と呼ばれ、日本語にするならば「空気を読める」という表現がしっくりくる。タイトな文化圏の人は、ルーズな文化圏の人よりもはるかに敏感に人間関係を感知するレーダーを働かせる傾向がある。というのも、ルールが多く、より厳しい制裁が科される環境では、間違いを犯していないか心配になるからだ。人々は時間とともに、手掛かりを拾って溶け込むのが上手になっていく。

正しい行動への期待に反すれば、恥ずかしさやきまり悪さを感じることが多い。そのため、タイトな文化では多くの場合、予測可能性、構造、日程、ルーティンが強く好まれる。これは、期待に応えたいなら、何が期待されているのかを知る必要があるからだ。日本の職場の会議はあらかじめ席順が決まっていることが多い。タイトな文化の国々では、公共の場にある時計はたいてい正確だ。当然ながら、日本の電車は定時運行でよく知られる。裏を返せば、こうした予測可能性とルーティンによって、驚きや自発性のレベルが低下することもある。

同じく、制裁は不快な場合もあるので、タイトな文化の人々は曖昧さへの許容度が低くなりがちだ。何が正しいのかがわからないと、心ならずも周りに合わせられないかもしれない。そこで予防に徹し、間違いを犯さないか気にするようになる。それが転じて、リスク回避の度合いが高まり、安全第一の行動を示すのだ。

別の例として、ゴミとリサイクルを挙げたい。東京は世界屈指の人口密度で、最も大きな都市に数えられる。実際に、東京圏（東京、埼玉、千葉、神奈川の1都3県）の人口は約3700万人にのぼる。これはカリフォルニア州全体の人口と同程度だが、それだけの人々がロサンゼルス・ロングビーチ広域都市圏とほぼ同じ面積の中で暮らしているのだ。この人口密度を考えれば、江戸時代以降、ゴミ収集が一大テーマとなってきたのは何ら不思議なことではない。しかも、東京は長年、世界で最も清潔な巨大都市の1つとされてきた。

これには2つの理由があると思われる。まず、みんなが厳密に定められたゴミ収集日を守っていることだ。違反者はごく少数で、ゴミの分別もたいていてい守られる。これはアメリカとはまったく違う。アメリカでは、注意を払わない人や、ゴミ箱に空きがなければ、わかっていてもルール違反をする人が多い。日本では、ルールに従う有用性は明らかだ。ゴミを分別しなければ、(日本の他の大都市と同じく) 東京は大変なことになるだろう。2つ目の理由として、恥をかく可能性があることだ。近所の人が見ているかもしれない。誰しもゴミ捨てのルールを破る人間とは思われたくないものだ。

2つ目の説明は、場所を問わず人間に言えることだ。つまり、同調圧力はグローバルな現象で、あらゆる人々に当てはまり、それによって好循環が生じる。すでに清潔な場所にいる場合、汚い場所にいるときよりも、きれいにする傾向を示す研究結果もある。オランダで行われたある研究では、被験者に紙屑を渡してから、アムステルダムの小さな脇道を案内した。汚い路地では、被験者は気軽にゴミをポイ捨てしたが、きれいな路地では捨てなかった。つまり、世界中の人々は無意識のうちに周囲の環境に適応するのだ。日本の大都市が非常に清潔であるという事実は、清潔さを保つ一助となっている。

## 5 善し悪しではなく「違い」である

ここで注意すべきことが2つある。第1に、タイトとルーズは、合意や同調圧力の強弱が

図表15 タイトな人とルーズな人が重なり合う正規分布

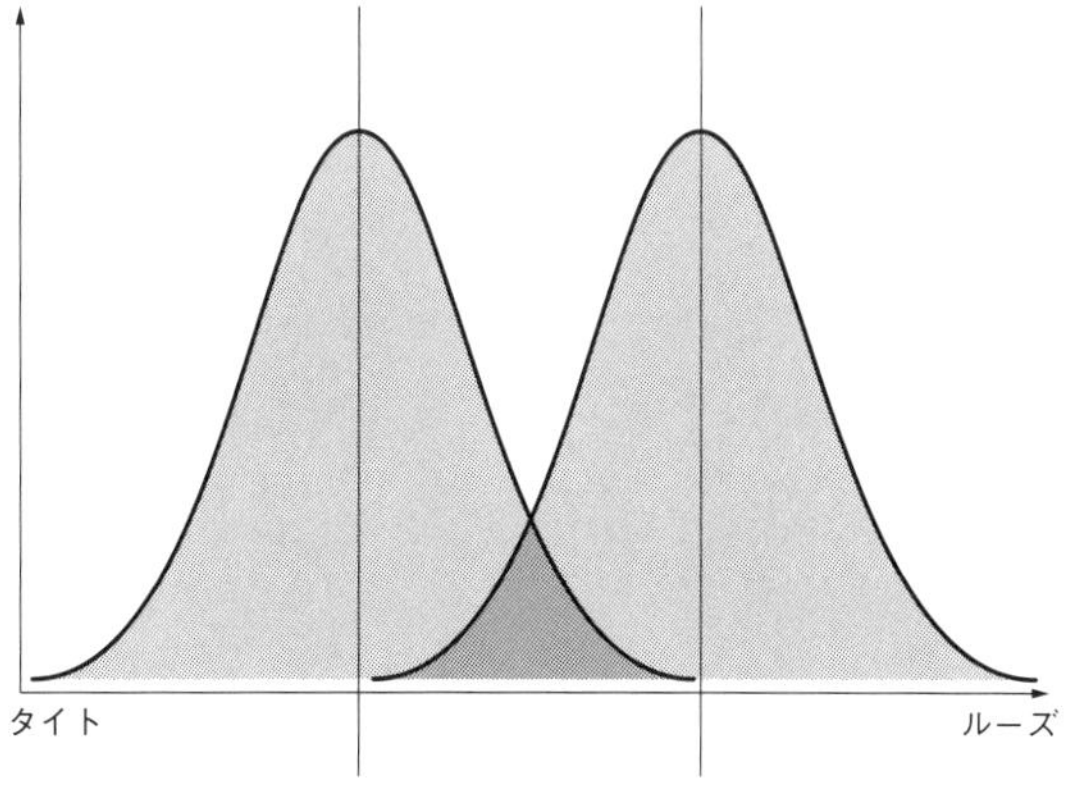


資料：筆者が作成。

生じることによって、行動を形成する基本的な力である。つまり、国による違いは、私たちが目にする事象よりも、それがいかに生み出され強制されているかという観点で重要だ。タイトとルーズは善し悪しの評価ではなく、単なる違いだ。得意なことが異なっている可能性がある。たとえば、タイトは大量生産や細部へのこだわりと相性がよいのに対し、ルーズは第8章で論じるように、迅速なイノベーションに向いているかもしれない。この枠組みは、批判や評価よりも、国によって一貫した違いが見られる理由の解明に役立つ。

第2に、タイトかルーズかという軸で国民を分類すると、どの国でも正規分布になる。生まれ育ち、地理的条件、世代、社会階級、職業、あるいは、性格特性（慎重で自制的か、冒険好きで衝動的か、社会秩序や構造をどのくらい好むか、など）によって、個々人は生まれつきタイト寄りだったり、ルーズ寄りだったりする。国の説明では通常、平均的な国民の行動における違いに着目する。たとえば、図表15は、日本とアメリカの正規分布を表したものだ。これを見れば、最もルーズな日本人は、最もタイトなアメリカ人よりもルーズであることがわかるだろう。

国内におけるこうした個人の多様性は、進歩や変化の原動力となるので重要だ。日本の場合、現在の変革を理解するうえで欠かせないことだ。第7章で見ていくように、変革の先頭に立っている改革者や新タイプのリーダーが出現することも、これで説明がつく。

## 6　なぜ国によって違いがあるのか――外的ショック

それでは、各国の平均的な行動における有意差はどこから来るのだろうか。なぜ時間が経っても顕著なままなのか。言い換えると、なぜ収束しないのか。その理由は、行動様式が合目的的で、社会的に構築され、尊重され、守られるのは有益であるからだ。役に立たなければ、時間とともに廃れていくだろう。国によって、経験する脅威は異なるので、どのように社会をまとめていくべきかというニーズも異なってくる。

外的ショックに多くさらされる場合、典型的なタイトな国になる。なぜなら、ショックの瞬間には、強力な社会秩序が生き残る術になるからだ。地域的な脅威（戦争、病気）、自然災害（地震、干ばつ、飢饉など）に何度も直面している国は、安全上の注意や連帯の原則を受け入れやすい。日常的にルールを守っていれば、全市民の間で特定の行動が「第2の天性」になっていく。これは自助努力を調整し、危機に際して混乱を避けるうえで、非常に効果的かつ有用なメカニズムとなるのだ。悪い出来事の際に、人々は指示がなくても、どうすればいいか正確にわかっている。たとえば、図表14のタイトな国の多くは、過去の歴史で何度も侵略や戦争を耐え忍んできた。ウクライナ戦争からわかるように、突発的な戦争によって社会が一時的にタイト寄りになることもある。

外的ショックは、悪天候や地震などの自然現象の形でもたらされることもある。周知のように、日本語の「津波」や「台風」は世界的な言葉になった。ある試算によると、日本では年間約1500回も地震が発生している。そのほとんどは身体に感じない程度だ。しかし、大きな地震が起こると、身を守り、連帯し、自助努力するという深く根付いた行動が大いに役に立つ。

２０１１年3月11日の東日本大震災を思い出してほしい。私はあの金曜日の午後に東京に居合わせたが、危機の間に見られた高度に組織化された共同的行動には感銘を受けた。それは、未曾有の危機の瞬間におけるタイトな文化の強さを象徴していた。叫んだり、走ったり、暴れたりする人は皆無だった。どちらかといえば、全体的に静かなことに驚いたほどだ。地下鉄が運休になると、人々はただ静かに歩いて帰宅し始めた。また、信じられないほど長い列に並んで辛抱強くバスを待つ人もいれば、地下鉄の駅で仮眠をとる人もいた。アメリカ在住の人間からすると、これはまったくもって驚くべきことだ。列に割り込む人はいないし、略奪も盗みも見られない。国家存亡の危機に際して、市民はこの災害を共に生き延びるために、第2の天性に沿った行動をとったのだ。

同様に、２０２４年1月2日に羽田空港で日本航空５１６便が海上保安庁の航空機と衝突した際も、同便の乗員乗客全員が燃えさかる機体から脱出することができた。これは世界中で奇跡と評されている。緊急事態に際して、自動的に危機行動スイッチが入ったかのように全員が混乱することなく整然と退避したことには、日本のタイトな文化がよく表れている。

対照的に、アメリカでは、少なくとも２００１年9月11日にニューヨークのワールドトレードセンターが攻撃されるまで、外的ショックを経験する機会はほとんどなかった。言い方は悪いが、大きなショックが起きると、アメリカはカオスに陥る。２００５年８月にルイジアナ州のニューオーリンズを襲ったカテゴリー５のハリケーン「カトリーナ」がその良い例だ。ダムが決壊して町中が水浸しになり、１３００人以上の死者が出た。さらに悪いことに、この破壊によって略奪（空き店舗や空き家からの窃盗）などの社会的風潮が広がり、ニューオーリンズの一部の市民は私利私欲のために他人の弱みにつけ込もうとした。一致した行動様式がまったくとられなかったこともあり、ニューオーリンズは今日に至るまで、このときの災害から完全には立ち直っていないとする声もある。

ポジティブに見れば、日本の多くの規則や規制には、たとえばカリフォルニアのような他の国よりも、日常生活をはるかに整然と定型化させる意図がある。ネガティブに見れば、そのせいで変革が一気呵成に進まない可能性がある。たとえば、アメリカは「ブラック・ライヴズ・マター」（人種差別抗議運動）やＤＥＩ（多様性、公平性、包摂性）などの社会運動が一気に広がったように、長年ソーシャル・イノベーションの先頭ランナーとなってきたが、日本ではそういう状況が起こりにくい。

このように、タイト・ルーズ理論を用いれば、なぜ日本が綿密に組織化された公共行動を必要とするのか、なぜアメリカではそうした取り組みがまったく見られないのかについても説明がつく。こうした好みは異なる社会的選択や、企業変革、カルチャー変革のマネジメントにもつながるものである。

## 7　遅いのは好みである

企業カルチャーは、社会的に構築された一連の行動様式であり、それが広く守られるのは「ネットポジティブ」、つまり、一時的に束縛されるとしても、社会にとって害よりは益になるとみなされているからだ。社会によって社会のあり方に対するニーズは異なるので、人々が行動を強制する際の合意や強度も異なってくる。

このような違いを見ていけば、再浮上している日本企業が今、どのように舞の海的なピボットを推進しているか、なぜ日本の再興が現状のような軌跡をたどっているかがわかってくる。

日本の変化するスピードが遅いのは意図的な社会的選択によるものだ。「安全第一」の社会で、多くのルールや規定に基づいて行動を変えようとすれば時間がかかる。これは、経済的な繁栄と安定した社会を両立させる新しいシステムを見つけるという、日本独自の道につながっている。全体的に見れば、日本社会はこれが有益な選択だとの合意が成り立っており、それゆえ、タイトな傾向が変わることはまずないだろう。こうした背景の中で今、起こっているのが企業カルチャーの変革である。

# 第7章

# 日本の企業カルチャー
## ——タイトな国でいかに変革を進めるか

技術リーダーとしてのピボットには、マインドと企業カルチャーの変革も必要になる。製造業ではいまだに「指示どおりにする」昭和の時代精神が幅を利かせているが、飛躍的イノベーションを生み出すためには、実験とリスクテイクという新しい職務行動が求められる。

この章ではまず、日本の企業カルチャーの3大原則を紹介し、改革者は「3つのうち2つ」というルールを使って変革を推進できることを指摘したい。次に、企業カルチャーを変革するための一般的な枠組み「LEASH」モデルを取り上げ、AGCの事例とともに、日本企業もこのモデルを使えば、企業カルチャーを変えられることを説明する。日本のように正しい行動が深く根付いたタイトな文化環境でカルチャーを変革することは「正しい行動」の再定義を意味し、入念に準備した体系的な手順が必要なことが明らかになるだろう。

## 1 企業カルチャーとは何か

入社したての新入社員はたいてい、うまくやっていくために必死に周りに馴染もうとするだろう。真っ先に行うのが、他の人々をじっくりと観察し、どう振る舞うべきかを把握することだ。周囲を見回して「誰が昇進しているのか」、「何をすれば昇進するのか」、「どんな行動をすればこの上司の心証が良くなるか」、「ここでやってはいけないことは何か」と考え、環境から得られた手がかりに従って行動するだろう。

このように、社内の作法によって社員の行動は形成される。こうした作法は企業カルチャーの構成要素であり、同調圧力を通じて強化される。つまり、他人から見られていることを意識して、合わせようとするのだ。したがって、企業カルチャーも行動様式として考えるのが最適である。

これは企業だけでなく、官公庁、財団、家族、スポーツクラブ、学校、クラス、合唱団、セーリングチームなど共同行動をとる集団であれば当てはまるもので、集団ごとに独自の行動様式がある可能性が高い。たとえば、子育ての仕方はたいてい家庭ごとに異なる。さらに、学校、友人、華道部での振る舞いは、職場での振る舞いとはまったく違うかもしれない。いずれの環境にも独自の行動様式があり、みんな常に周囲の環境に合わせて行動する。

企業カルチャーとは、特定企業のニーズに合わせてつくられた一連の行動と作法をいう。大企業であれ、中小企業であれ、どの企業にも独自のビジネスルールと行動が見られる。日本では、その一部が就業規則に明記され、勤務時間や服装など独自の行動規範が追加されることもある。これはおそらく日本特有のことで、どのようなルールであるかを正確に把握したがるタイトな文化が反映されている。

要求される行動は業界によって異なる。たとえば、自動車メーカーの場合、歩留まり率や品質の高さを確実に維持するために強い「ものづくり」カルチャーが必要になる。対照的に、IT企業やコンサルティング会社などサービス事業者は、顧客サービスを中心とした強力なカルチャーを必要とする。高級品を扱う企業にはデザイン・イノベーションのカルチャーが、低価格品を扱う企業には効率化とコスト削減のカルチャーが求められる。要するに、**戦略が異なれば、カルチャーも異なる**ということだ。

組織カルチャーの根底には国の文化がある。日本では、ほとんどの企業に「強いカルチャー」があるといわれ、正しい行動に関する合意や強度のレベルが高い。これはひとつには、日本はタイトな文化の国なので、国民はルールがあることを好み、それに従う傾向があるからだ。また、正しい態度に報いる人事制度で強化されている側面もある。これは戦略に合致していれば、大いに競争優位の源泉になりうる。日本の製造業が高品質を武器にリーダーをめざした昭和時代には、細部に目を光らせ、指示に従い、きめ細かく実行することがすべて大きな長所となってきた。

しかし、戦略を変更し、たとえば、「舞の海戦略」でキーテクノロジーの先頭ランナーをめざす場合には、企業カルチャーも変えなくてはならない。ルールだけでなく、従業員のマインドや行動も変える必要があるのだ。

## 2 日本の企業カルチャーを支える3つの規範

私は30年以上にわたる研究や観察、さまざまな日本の組織での実体験から、日本のビジネスには３つの行動原則があることを見いだした。

- 常に礼儀正しく思いやりを持つ。
- 常に適切である。
- 決して他人に迷惑をかけない。

日本の企業、銀行、官公庁などでは、この３つが合わさって、大多数の人の振る舞い方が規定されている。こうした行動は幼稚園や学校教育の間に教え込まれ、クラブ活動でも求められることが多い。

## ●常に礼儀正しく思いやりを持つ

諸外国と比べて、日本では常に礼儀正しくあることが重視される。ひとつには、常に人間の尊厳を守り、なるべく恥をかかないようにするためだ。この行動様式は思慮深く、相手の感情や必要としていることに気を配り、支援を惜しまないことも指す。こうした意味合いは言語に反映されている。日本語にはドイツ語や英語などと比べて、この行動に関連する語彙が多い。当然ながら、敬意の印となる身振りやお辞儀と同じく、文法や敬語も重要な役割を果たす。

この行動様式で留意すべき重要な点は、日本では本音と建前を細かく区別することだ。恥をかかないようにすることが、正直であることよりも重要なこともある。ビジネスで勝ち負けが出る場面では、思いやりをもって行動する必要があるかもしれない。たとえば、タフな交渉や商談が成立すると、アメリカ人は相手の気持ちにお構いなくグータッチで喜ぶかもしれない。日本人であれば、敗者に惜しみない賛辞を送り、結果を「ウィン・ウィン」と言い換えようとする傾向が強い。

### ●常に適切である

日本の企業カルチャーの第2原則は、人前に出る状況に関わるもので、あらゆる状況でいかに適切であるかが問われる。タイトな文化に身を置いて仕事をする日本人のほとんどは、状況に応じて正しいとされる行動や外見についてきわめて敏感なレーダーを持っていることが多い。目立ったり注目を浴びたりすれば不興を買うこともある。従順（学校の通信簿、特に女子生徒に対して用いられる）、おとなしい（控えめで、静かで、行儀がよいこと）、地位や上下関係、年齢を重んじる言葉など、日本語には礼儀正しさを表す語彙が多い。

外国人の目には、日本の子どもが学校で学ぶ様子はかなり窮屈そうに映ることがある。たとえば、日本の中高一貫校はたいてい制服があるが、アメリカでは約20％、ドイツではゼロだ。髪の長さや髪型、化粧に関する規則も厳しすぎるように見える。多くの生徒が正しい話し方、食べ方、書き方（右手で書く、枠内に文字を収めるなど）をするように言われ重圧にさらされている。これはアメリカでは考えられないことだろう。

人前での行いも適切でなければならない。その良い例が騒音公害だ。「マナーモード」は和製英語で、それに相当する単語は英語やドイツ語にはない。大声を出せば下品で無礼とみなされ、商談の場で声を荒げれば成功につながる見込みはきわめて薄くなる。「うるさい」には、けたたましくて煩わしい、神経に障るなどの比喩的な意味があり、ファッションや色彩感覚にも使われる。アクティビストは「物言う投資家」とも呼ばれるが、「うるさい」側面を示唆しているのは興味深いことだ。

## ●他人に迷惑をかけない

第3の原則は、他人に迷惑をかける行為や選択についてだ。「舟を揺らす」のではなく、「流れに身を任せる」、つまり、ルールに従い、頭を下げて順番を待つことが行動規範となっている。他人に迷惑をかける行動や選択は「迷惑」とみなされる。逆に言うと、迷惑をかけないことは、自分の選択や行動が他人に及ぼす影響を考えていることを意味する。日本の職場でよく耳にするのが、「ご迷惑をおかけして申し訳ありません」という謝罪の言葉だ。

迷惑をかけない必要性があるため、選択肢も狭まってくる。他人が嫌がったり、対応に戸惑うような選択をすれば迷惑につながりかねない。たとえば、ドイツやアメリカの大多数の企業では、個人の都合に合わせて休暇をとることが当たり前だ。しかし日本では、それでは同僚に迷惑がかかってしまうので、会社の都合に合わせて休暇をとることが多い。同じような論理で、昼食は12時が標準的な時間となっているが、これも欧米人からすると不可解なことだ。日本では、違う時間に食事をすると、午後の会議の予定を組むのに迷惑がかかると感じる人が多い。全員が同じ時間に食事すれば、思いやりがあって効率的なのだ。

## 3　日本のタイトな文化を変える方法「3つのうち2つ」

日本の企業カルチャーにはこの3つの側面があることを考慮すると、どうすれば変革を起こせるのだろうか。結局のところ、改革を進めたい人が変化を持ち込もうとすれば、うるさくなったり、迷惑をかけたりせざるをえない。

私が観察した結果から言うと、3つの行動原則をすべて同時に満たす必要はなく、通常は2つで構わない。つまり、礼儀正しく静かな人なら、少しくらい「変」に見えても咎められない。あるいは、礼儀正しく非常に適切な人ならば、変化を推し進めるために「舟を揺らす」ことが許されるかもしれない。3つのうち2つを守れば十分なのだ。

この観察結果は、好感度に関する心理学の研究でも確認されている。小さな欠点がある人のほうが完璧な人よりも好かれることが多いのだ。さらに言えば、変化の激しい現在の日本のビジネス環境では、3つの原則を常に守っている人は「つまらない」、「コンサバでお堅い」

と見られているかもしれない。私の見たところ、日本の製造業の企業から官公庁まで多様な職場で、変革リーダーシップの欠如に対する不満が募っていた。反骨精神を示す人々へのある種の賞賛も見受けられた。もっとも、この賞賛が続くのは、改革が適切かつ思いやりのある方法で提示されるかぎりにおいてだ。

「3つのうち2つ」で事足りるので、改革者は新たな道を切り開く方法を見つけることができる。時間とともに、追随者が出てくれば、改革者は珍しい存在ではなくなる。最良のシナリオは、最終的に改革派の行動が「新常識」となることだ。言い換えると、最終的に正しい行動の定義が変わればよい。いったんそうなれば、「3つのうち2つ」の原則を守り続けるかぎり、さらなる変化を促進できる。

これと同じ理屈は、企業カルチャーを変えたいと考える経営陣にも当てはまる。トップダウンで行動を変えるのだと宣言すれば済む話ではない。それよりも、成功させるためには、従業員の大多数が変革計画を受け入れ、積極的に追随してもらわなくてはならない。じっくり見ていけば、経営陣もまた「3つのうち2つ」の原則に従って変革を起こしていることがわかってくる。

## 4　LEASHモデル――タイトな企業カルチャーにおける行動変革

行動様式は経営陣がつくり出した行動の様式であり、トップダウンで変更できるものだ。行動様式は法や規則ではなく、同調圧力によって長期的にとられる、一連の合意された行動のことだ。日本のようなタイトな文化では、合意と強度は常に高水準で保たれる。そのため、企業カルチャーの変革マネジメントとは、何が正しい行動であるかの処方箋を再定義することを意味する。

拒絶反応を避けるために、変革マネジメントは一般的に既存の好みに立脚して組み立てていくとよい。「タイト・ルーズ理論」から最初に導き出される洞察は、タイトな文化の中で人々に多様性を受容させリスクをとらせるためには、逆説的だが、高度に構造化された体系的な手順が必要になることだ。たとえば、入念なナッジ（後押し）、体系的なセミナー、ワークショップ、リトリート（合宿研修）などを用いて計画的に横展開していく。かなりの時間と労力がかかるが、ひとたび従業員が新しい方向性を受け入れれば、最大速度で前進していく可能性が高い。

図表16　企業カルチャー変革のLEASHモデル

**LEASHモデル**

**L** リーダーの行動（Leader Actions）
**E** 従業員の参画（Employee Involvement）
**A** 連動した報酬（Aligned Rewards）
**S** ストーリーと象徴（Stories and Symbols）
**H** 人事制度の改革（HR System Alignment）

出所：O'Reilly III, Charles A., "Organizational culture change: How Microsoft changed its culture. *Management and Business Research*, 2023.

「両利きの経営」を考案したオライリーは企業カルチャー研究の第一人者でもある。彼が最近開発したのが、企業カルチャー変革のマネジメントに向けたＬＥＡＳＨモデルだ。このモデルには５つの構成要素がある（図表16）。いずれも変革の取り組みを成功させるうえで必要なステップだ。

第１の要素は、強力な**「リーダーシップ」（L）**だ。その組織で何が新たに正しい行動となるかについて、経営陣が一貫性のある明確な合図を送る。

第２に、従業員にただ行動を変えるように言うだけではうまくいかない。それよりも、新しい常識を受け入れ、自発的に適応しようとする必要がある。従業員が賛同して取り入れてもらうために最も有効なのは、積極的に変革に**「参画」（E）**させることだ。

第３に、この適応を早めるためには、変革の取り組みに参加し、新しい行動をとった従業員を承認することが役立つ。**「連**

動した報酬」（A）は金銭を意味するわけではない。むしろ、新しい企業カルチャーに即した取り組みや行動を公に認めて、みんなに紹介し、褒めることだ。連動型の報酬は、密かに新しい企業カルチャーに背を向ける「サイレントキラー」をあぶり出すうえでも重要だ。表彰や祝賀イベントは暗黙のうちに、承認されない人々を締め出し、恥をかかせることになる。変革の主役に脚光を当てることで、より多くの従業員が変革に加わる可能性が高まる。

第4に、変革の機運を生み出し、従業員の賛同をさらに深めるためには、新しい行動がなぜ重要なのかを説明する「ストーリーと象徴」（S）を提供することが有効だ。これは、従業員を集めたタウンホール・ミーティングで経営陣が語る一連のストーリーのように、ごくさりげないものかもしれない。あるいは、社名変更、ロゴの再設計、新しいスローガンの開発のように、かなり抜本的な場合もある。新しいTシャツやステッカーといったシンプルな記念品でも効果的だ。

第5の要素は、選抜、研修、昇進など「人事制度」（H）というより大きな制度改革の中で、これらすべてを追求することだ。従業員は誰がどんなことをして昇進しているかを常に敏感に見ている。新しい行動様式に沿って、評価の手続きや内容を改革しなければ、他のすべての変革は冷笑や不信感を生むだけだろう。

重要なのは、企業カルチャーの変革を実行するためには、統合的な取り組みが必要だということだ。ＬＥＡＳＨモデルの５つのレバーはすべて等しく大切だ。ＬＥＡＳＨモデルの１つのみ、あるいは2つや3つの側面に注力した変革では成功は見込めない。５つとも持続的に実施する必要があり、かなり難易度が高くなる。

## 【事例】ＡＧＣが行った７Ｐ企業になるためのカルチャー変革

第5章ですでに触れたように、ＡＧＣは過去10年にわたって、技術的なピボットを設計するために2×2のイノベーション・ストリーム・マトリックスを活用してきた。ここでは、従業員を満足させ、生産性と収益性を向上させる形で、どのように新しい事業セグメントへの移行をマネジメントしたのかを、企業カルチャーの変革の観点から見ていこう。

ＡＧＣはどう見ても、２０１５年頃までは典型的な昭和の伝統的企業（ＪＴＣ）だった。１９０７年に三菱グループ傘下の企業として設立され、日本で初めて板ガラスの工業生産を開始した。その後、ソーダ灰など主原料の輸入依存度を下げるため、事業ラインを拡張し化学品の内製を始めた。戦後の建設ブームに乗って、日本の板ガラス市場を独占するようになった。しかしバブルが崩壊し、東アジアで新しい競争相手が台頭してきた１９９０年代は苦戦し、特殊ガラス、特殊化学品、セラミックスやエレクトロニクス分野の応用品への移行を余儀なくされた。２０１０年代になると、コモディティ化した化学品、建築ガラス、自動車用ガラス、さらには携帯電話用ガラス基板など不安定で変動しやすい市場への依存度が高まり、将来に向けた新しいビジョンが求められるようになったのだ。

この重要な局面で、化学品や電子事業の責任者を務めてきた島村琢哉が２０１５年にＣＥＯに就任した。島村、平井良典（後任ＣＥＯ）、宮地伸二（ＣＦＯ兼ＣＣＯ）ら経営陣はいくつかの重要課題を明らかにした。戦略面では、コモディティ化した事業にいまだに依存しすぎている。企業カルチャーの面では、会社が保守的になりすぎて株価の追求を重視したため、部長レベルが短期的な結果を強く意識しすぎるようになっていた。自社の将来の方向性をめぐって部長間で対立もあった。従業員はミスを恐れ、直接聞かれてもあまり意見を言わない。また、若手エンジニアの離職率が高まっていた。迫り来る人手不足を考えれば、これは死活問題だ。

## AGCの7P

経営陣は現状の考え方を改めて、社内を競争への活力と自尊心で満たさないかぎり、先に進めないと考えた。そこで、7P（第4章参照）の創造に乗り出したのである。

### (1) 利益（Profit）

経営陣は全従業員に向けて、現在の中核事業（汎用品）の役割は、利益よりもキャッシュフローを創出することだと発表した。高い利益率を求めるのは、むしろ新しいディープテック事業セグメントになるはずだ、と。これは社内的には大転換だった。中核事業は不可能なことを追いかけなくてもよくなる一方で、将来的に代替される脅威に気づく可能性もあるだろう。

### (2) 戦略（Plan）

第5章で挙げた2×2のマトリックスに沿って戦略を策定し直した。新しいイノベーションの手順を採用し、新市場×新技術でボックス4の「未来」事業を探索し投資する方法について計画を立案した。

（3）危機意識（Paranoia）

20世紀末に苦境に立たされた一因は、基礎化学品を含めて、新しい競争相手が台頭してきたことにあった。島村はＣＥＯに就任する前、化学品事業を担当していたので、コモディティ化した事業はそう長くは国際競争力を維持できないことを熟知していた。彼は従業員に現実的な事業展望について歯に衣着せずに説明した。変わらなければ、この会社は傾くだろう、と。

（4）効率性（Parsimony）

改革の根底にあったのは全領域でのコスト削減活動だ。また、企業カルチャーの変革に着手したことにより、全従業員の交流がよりオープンに行われ、コミュニケーションと業務フローがより効率的になった。

（5）情報の透明性（PR：Public Relations）

旭硝子からＡＧＣに社名を変更するという一番よくわかる形で、大々的な広報活動を開始した。新社名のＡＧＣは「Asahi Glass Company」の頭文字だが、島村は個人的には

「Advanced Glass and Ceramics（高性能ガラス及びセラミックス）」の略だと考えたいと語っていた。

(6) リーダーシップ(People)

後述するように、企業カルチャーの変革がＡＧＣ再興の中心となった。

(7) 幸福感(Pride)

こうしたアクションの結果として、ＡＧＣの従業員は再び希望に満ち溢れるようになった。離職率が低下し、若手技術者が自社のためにビジョンを持ち、ＡＧＣで働くことに喜びを感じていた。ＡＧＣは再興したのだ。

**企業カルチャー変革のマネジメント**

企業カルチャーを変えるために、島村たち経営陣はＬＥＡＳＨモデルを巧みに実行に移した。５つのレバーをすべて引き、自社のアイデンティティと性格を変えていったのだ。

この変革は島村のＣＥＯ就任初日から始まった。２０１４年11月の就任発表と同時に、島村は個人的に全従業員にメールを送り、「再び明かりを灯すこと」が目標だと告げた。また、廃止したい「リーダーが改めるべき20の悪癖」も添えた。そこには、「いや」、「しかし」、「でも」で話を始める、言い訳をする、情報を教えない、過去にしがみつく、人の話を聞かない、感謝の気持ちを表さない、といった項目が含まれていた。

この変革を開始するに当たって、島村ら経営陣は中間管理職との対話セッションを企画した。多くの中間レベルの社員にとって、ＣＥＯと直接的かつ率直に話をするのは初めてだった。島村は参加者全員に変革の取り組みに参加してほしいと伝えた。

次に、将来有望な若手社員10人に、「ビジョン２０２５」という新しい未来の計画づくりのコンテストへの参加を呼びかけた。外部のコンサルタントに依頼するのではなく、社員に10年後の会社の姿を描くように求めたのだ。２０１６年2月、2チームの提案を統合し、「ビジョン２０２５」として採用された。その実現に向けて、５０００億円の戦略投資予算をつけて、４つの事業領域が発案する魅力的な事業計画を支援することになった。このうち、ライフサイエンス事業とモビリティ事業で新規事業の探索活動が増えていった。

島村は若手社員とのタウンホール・ミーティングにも時間を割いた。全従業員が経営陣と直接、変革の取り組みについて話し合う機会を設けるためだ。さらに、若手人材をつなぎとめるために、新たに起業家的な活動プロセスも考案された。従業員が経営陣に新しい事業アイデアを持ち込むピッチ・イベントとして「ゴング・ショー」が導入された。優れた提案には予算がつき、技術者は「企業探索者」（いわゆる社内起業家）になることができる。寄せられたアイデアは、生産工程の迅速化からDX用の新製品開発まで多岐にわたった。その中から、自動車事業の新しいモビリティ・ユニットをはじめとして、いくつかの提案が採用された。こうした施策が進むにつれて、AGCを辞めたいと考える若手社員は減っていった。

最後に、島村ら経営陣は部長クラス層に目を向けた。部長の中には、実績のない新規事業への投資を懸念し、2×2のマトリックスの戦略計画に抵抗し続ける人もいた。2016年から2017年にかけて、AGCはこうした抵抗勢力と対峙するためにオフサイト・リトリートを6回実施した。彼らには自分の懸念を表明し、耳を傾けてもらう機会が与えられたが、抵抗し続ければ、最終的に別の職務が与えられた。これは思い切った措置であり、組織全体に大きな衝撃を与えた。古い慣習を許さない新生AGCへの移行を示していたからだ。

こうして、AGCは自社のアイデンティティを変えていった。経営陣は自社をガラスメーカーから先端素材リーダーへと転換させる明確な道筋を策定した。そのために必要な新しい行動を特定し、自らの行動を変え、従業員に新たな参画機会を与えた。新しい企業カルチャーを受け入れた社員を紹介し賞賛した。新しい会社像をしつこく伝え、ＡＧＣに社名を変更した。新しいスローガン「Your Dreams, Our Challenge」は従業員が提案したものだ。そして最後に、新しいカルチャーを強調し、それを体現する人に報いるために、すべての基礎となっている人事制度（選抜、研修、給与、昇進など）を一部変更した。この5つのレバーによって、ＡＧＣの企業カルチャーは刷新された。

ＡＧＣの事例から、日本で企業カルチャーを変えられることが浮き彫りになる。タイトな文化の中で行うためには、秩序ある手順や体系的なイベントが必要だ。このようなリーダーシップを目にすることは日本ではまだ珍しいかもしれないが、確かに存在する。企業カルチャーの変革は可能なのだ。

## 5　カルチャーの変革はなぜ難しいのか。そのために何が必要か

ＬＥＡＳＨモデルとＡＧＣでの成功事例はごく簡単なことに聞こえるかもしれない。なぜ誰もが同じことをしないのかと思う人もいるだろう。その答えは、そうやすやすとはいかないからだ。多大な努力を要し、統合的な取り組みが求められ、抵抗したり静かに拒んだりす

る人も出てくる可能性がある。

第1に、企業カルチャーの変革は骨が折れる作業だ。AGCの場合、島村ら経営陣は世界の工場やオフィスに年間50回（ほぼ週1回のペースで）訪れた。それぞれの訪問先で階層別のミーティングを3回行うので、年間では150回に及んだ。一般的に、企業カルチャーの変革を定着させるには、少なくとも2年間は何度もしつこくコミュニケーションをとる必要があるとする研究結果もある。これは大変な作業だ。すべてのCEOがこれだけのエネルギーを注ぐ意欲や能力を持っているわけではない。

第2に、前述したように、企業カルチャーの変革は統合された取り組みにしなくてはならない。LEASHモデルの5つのレバーはすべて等しく重要だ。粘り強さだけでなく、リーダーシップやエンゲージメントなど、社内で全レバーを推進するための工夫も求められる。

第3に、手を尽くしたとしても、黙って抵抗する従業員がいるかもしれない。特に日本では礼儀正しく適切で迷惑をかけないという行動様式があるため、抵抗している人を見分けにくいことが多い。従業員は変革の取り組みに協力するふりをしながら、本音では黙って拒絶したり、別の行動をとったりする可能性がある。このような「サイレントキラー」を突き止めて排除することはかなり苛烈な進め方であり、日本の企業カルチャーにそぐわないとみなされかねない。抵抗に打ち勝つためには、トップダウンの権威が必要になる。

こうした取り組みはいずれも時間がかかる。ＡＧＣの場合、島村は変革プロセスを立ち上げるのに6年を費やし、会長職に退いた後も、後任ＣＥＯの下でこの取り組みは続いている。実際のところ、企業カルチャーの変革マネジメントは終わりのない道のりと考えたほうがよい。

しかし、日本が特に遅れているわけではないのかもしれない。アメリカでは最近、マイクロソフトが企業カルチャーの大幅な変革に取り組んでいる。ＣＥＯのサティア・ナデラら経営陣が用いた手順は、ＬＥＡＳＨモデルを非常に厳密に守っている。５つのレバーがすべて導入され、組織全体に変革が連鎖的に浸透するように、細心の注意を払ってトップダウンでマネジャーの訓練が行われた。２０２４年時点で、マイクロソフトの変革の取り組みは5年目に入ったが、引き続き移行に難儀している。

もう一例挙げると、ＩＢＭの変革は、ルイス・ガースナーがＣＥＯとして在職した１９９３年から２００２年までずっと行われた。そして今は、ガースナーの成功がひっくり返されることを憂慮する人が多い。ＩＢＭの現在の苦境から、企業カルチャーの変革は継続的な取り組みであり、進歩しても束の間にすぎないことがうかがわれる。日本では、日立製作所が現在進めている変革も同じく、おそらく（少なくとも）10年はかかり、後続のリーダー層がその取り組みを維持できることを願うばかりだ。企業カルチャーを変えることは巨大な貨物船を方向転換するようなものだと言われることがある。約10万人の従業員を抱える巨大企業にとって、確かにそのとおりだ。

まとめると、21世紀の競争に欠かせない新しいイノベーション戦略や手順を構築するためには、企業カルチャーの変革が必要だ。この変革をうまく進めることは難しく、時間がかかる。しかし、日本でも可能であり、現在、多くの大企業が取り組んでいる。ＡＧＣや日立のような大企業にできるなら、もっと多くの企業にもできるはずだ。現在台頭している新しい世代や新タイプの経営者は、昭和時代の調整マンとはまったく異なる。新タイプの経営者が増えて企業カルチャーに変化を持ち込めれば、より多くの企業が生まれ変わるだろう。

# 第 8 章

# 日本の未来はどうなるのか
## ――日本型イノベーション・システムへ

この章では、「舞の海戦略」に向けた最後のピースである日本のイノベーション・システムを変革し、ブレークスルー・イノベーションを醸成していくことを論じたい。そのためには、大企業の新しいイノベーション戦略、大企業とスタートアップ間の交流の活発化、優秀な人材を雇用するための新たな道筋が必要になる。過去20年間において、この目標に向けて大きな前進があった。

そこで、まず昭和時代のイノベーション・システムを簡単に振り返り、ディープテックとシャローテックを生み出す際に、タイトな文化とルーズな文化とではどのくらい勝手が違うかを見ていく。日本でスタートアップ活動を増やすことへの最大の障害は、セーフティネットの欠如だと指摘されている。失敗に対するペナルティが軽減されれば、より多くの日本人が起業をめざすかもしれない。「イノベーション・サバティカル」を認める新しい大企業の雇用形態は1つの解決策となる。

いずれにせよ、シリコンバレー流イノベーションのやり方は日本にはそぐわないし、ベンチマークの対象にすべきではない。日本は独自の道を築き始めている。

## 1　イノベーションの必要性——かつての日本vsシン・日本

昭和時代、日本のイノベーション・システムは、他国で開発された技術を採り入れて改良し、よりよく製造するスキルを獲得することを重視していた。大企業は社内に研究所をつくり、多くの場合、商業化と漸進的イノベーションのために応用研究に注力して、基礎研究にかける費用は比較的少なかった。研究者のほとんどは終身雇用の正社員で、一流研究者間の交流は限られていた。日本が欧米に追いつくためには、この閉鎖的な仕組みが成功の基盤となった。

政府はさまざまな施策を通じてこの企業戦略を支援した。通商産業省（２００１年に経済産業省に改組）は独自に発明した「産業政策」で名を馳せた。１９６０年代から１９７０年代にかけて、通産省の主な目標は、新技術を特定し輸入し、無駄とみなされる重複作業を極力省いてイノベーション活動を合理化することだった。そこで、特定の企業に研究資金や技術を割り当て、競争面も含めてさまざまな形で保護した。後から考えれば、こうした保護策は海外企業の参入を阻んだだけでなく、時間とともに国内のスタートアップの成長を抑止することにもなった。国内のハイテク・スタートアップにとって、大企業偏重の仕組みを乗り越えることが次第に困難になっていったが、全体として「キャッチアップ」に成功していたので問題視されなかった。

しかし、他の先進国と肩を並べるようになった現在、日本のイノベーション・ニーズはまったく異なる。大企業は将来を見据えた破壊的イノベーションを探し求めている。終身雇用の研究者を抱える昭和時代の閉鎖的で秘密主義的な研究所では、要求されるスピード感で破壊的イノベーションを生み出せそうにないことがわかっているのだ。

現在、大企業、スタートアップ、雇用システムの3つのレベルで、新しいイノベーション戦略への転換が起こっている。この3つが合わさって、今後の日本のイノベーションのやり方を再構築しつつある。

## 2 ディープテックvsシャローテック

イノベーションは、ディープテックとシャローテックに分類される。「ディープテック」とは、かなり科学的、工学的な課題に取り組む発明を指す。その対象は医薬品、工学、航空宇宙、新素材、化学物質などの発見から、破壊的《ディスラプティブ》な機械、土木工学の発明、量子コンピューティング、AIまで多岐にわたる。ディープテックには通常、特定の業界での経験や暗黙知に加えて、広範な科学的知識が求められる。この種のイノベーションが市場に出るまでに10年かかることもある。

「シャローテック」は、より簡単にすばやく実行できるイノベーションで、おそらく模倣もしやすい。深く研究する必要がないため、市場投入までのペースははるかに速く、通常は2年ほどだ。エグジット（投資回収）は多くの場合、事業売却の形をとる。イノベーターは複数回の起業経験を持つシリアル・アントレプレナーが多く、売却後は次のアイデアへと移っていく。シャローテックもれっきとしたイノベーションであり、起業家は短期間で大金を手にすることができる。この「ファスト」カテゴリーに入る製品には、料理のレシピを紹介する携帯アプリ、既存店舗と類似するが特定の製品や輸入品を専門的に扱うオンラインストア、スケジュール管理アプリ用の新タイプのクリーニングサービスなどがある。

シャローテックもディープテックも同様に重要である。たとえば、TikTok（ティックトック）のような新しいソフトウェア・アプリケーションと、産業機器の故障を事前に検知するAI開発を考えてみれば、両者の違いがわかるだろう。時には、ウーバー（代替交通サービス事業者から自動運転車用の世界地図の主要企業へと移行）やエアビーアンドビー（若者向け民泊から新タイプの旅行代理店へ成長）のように、シャローテック起点のソリューションが次第にはるかに大きなイノベーションへと転じることもある。したがって、漸進的であれ、シャローテックであれ、奇抜であれ、活気のあるアイデア市場はピボットと将来の発展の機会につながる。その結果、全体としてイノベーションの割合が高まるのだ。

## 3　タイトな文化とルーズな文化におけるイノベーション

タイト・ルーズ理論に関する研究で、イノベーション・システムも国の文化に影響されることが示されてきた。アメリカやイスラエルといったルーズな文化の国では通常、イノベーションは得意分野とされている。これは、ルーズな文化では新陳代謝が非常に活発で、「何でもあり」の態度によって、たとえ奇抜なアイデアでも、迅速に試行錯誤しながら概念化され実現へとこぎつけられるからだ。発明家は他人からどう思われるか、発売時に製品が完璧かどうかはたいして気にかけない。このような仕組みが特に活きる領域が、市場投入までのスピードが成功に欠かせないシャローテックのソリューションだ。

それに対して、日本やドイツといったタイト文化の国は一般的にペースが遅く、活気もなく、より慎重でリスク回避的だとみなされている。起業家にとって資金調達が難しく、多くの場合、長期的に調達するので、いつまでに何を提供しなければならないかという期待値も異なる。この遅いペースは市場参入には不利だが、ディープテックを用いたイノベーションの実現には向いているかもしれない。だからこそ、化学や機械における現在の主要な発明品の一部は、シリコンバレーではなく、ヨーロッパや日本で生み出されているのだ。

当然ながら、これは黒か白かの話ではない。ルーズ文化圏は、特に規制の厳しい市場が破壊された場合のディープテックで有名だ。たとえば、アメリカは半導体、バイオテクノロジー、再生医療の分野でリーダーであり続けている。カリフォルニア州のように規制が非常に緩い場所のほうがはるかに活動しやすいのだ。逆に、タイト文化圏のスタートアップもシャローテックのアプリやソフトウエア・ソリューションを生み出している。しかし平均すれば、ルーズ文化圏は迅速に、注目を浴びつつ、大きな資金で立ち上げることを得意とするのに対し、タイト文化圏はディープテックの発明にコツコツと取り組もうとする傾向がある。この2つのシステムは異なるトレードオフの結果であり、どちらも異なる代償を支払っている。

シリコンバレーの流動的で高速の「アイデア市場」は、外部から見ると非常に魅力的だ。しかし、内部では社会や人間のウェルビーイングに大きな犠牲を強いる「食うか食われるか」の環境が生まれる。スピードの速さには高い失敗率がつきものだ。アメリカの超高速金融システムは情けをかけてくれない。誰もが知る1つの成功企業の背後には、聞いたこともない失敗企業がごまんとある。シリコンバレーは公平性、オープンアクセス、多様性、包摂性に欠けることも非難され、所得格差は悪名高い。ウーバーやテスラなど最近の成功事例の一部は、アメリカの法律を破ることから始まっている。こうした企業のCEOは明らかな違法行為でないにせよ、倫理的に問題があることを承知の上で意図的に物事を行ってきたのだ。

それとは対照的に、日本では（ヨーロッパ大陸と同じく）、大勢の犠牲の上に一握りの人が豊かになるような「焼き畑」方式に対してあまり寛容ではない。安定と予測可能性が評価され、それがイノベーションに対する慎重な取り組み姿勢につながる。製品は往々にして、発売前に非の打ち所のないほど完璧かつ安全であることを確認する必要がある。個人の自主性が制限されたり安全第一を考えたりするせいで、イノベーションは遅くなり、しつこいほど検証を繰り返すうちに進展を阻んでしまうことが多い。日本の仕組みはこのような違いを引きずりながら形成されているので、シリコンバレーのようにルーズな文化の仕組みを模倣しようとしても、成功の可能性は低下してしまうのだ。

## 4 なぜシリコンバレーやユニコーンは、日本向きのモデルではないのか

成果が見込めそうにない一例が、日本政府や東京都庁などがよく掲げる「日本にもっとユニコーンを」という目標だ。ユニコーンが少ないことは日本が「遅れている」証拠だと思われがちだ。しかし、過大なバリュエーション（企業価値評価）、金余り、超富裕層の急増を認めることで初めて、ユニコーンを増やせるようになる。ユニコーンが失敗すれば、派手に騒がれた分、たいてい金銭的に巨額の損失が生じる。このいずれも、日本の好みには合っていないように見える。

「ユニコーン」とは、推定時価総額が10億ドルを超える未上場のスタートアップを指す言葉で、2013年にパロアルトのベンチャー・キャピタリストが言い出した造語だ。2003年から2013年にかけて出資を受けた6万社以上のソフトウェアやインターネット企業を調査した結果、評価額が10億ドル以上の企業は1％未満であることが判明し、排他的なグ

ループのように扱われるようになった[9]。それ以降、時価総額10億ドルは次第に恣意的になっている。というのも通常は、評価額を高くしたほうが儲かる証券会社によって算定されたスタートアップの将来価値が用いられるからだ。

それはさておき、その視覚的イメージや、明確な成功指標を見れば、ユニコーンが魅力的な理由は理解できる。しかし、日本の金融システムはそのように機能しないし、一般的に日本企業はこうした天文学的に高い金額では評価されない。また、多くの人にとって、バブル崩壊による莫大な損失はいまだに記憶に新しい。そのため投機的なＩＰＯ（株式公開）に価値を見いだしたり、桁違いの損失を帳消しにしたりすることには、それほど食指が動かないようだ。

日本でユニコーンを意味のある成功の尺度にする場合、10億ドルの評価額ではなく、別の定義を用いたほうがよい。おそらく技術面の業績、短期間でのプラスのキャッシュフロー、雇用といった別の基準を使ったほうが目的を達成しやすく、日本の仕組みにはるかに合っているだろう。

以上の理由から、シリコンバレーは日本にとって適切なベンチマークではない。新たに進化を遂げつつある日本のイノベーション・システムは、日本独自のタイトな文化の中で、また日本独自の産業、金融、社会構造の中で、うまく機能させる必要がある。スピードと安定、お金と意味、利益と目的の間で、日本は独自の落としどころを見いだしている。その結果は一部の人にとって退屈に見えるかもしれないが、ディープテック・スタートアップや社会にとってコスト低減という観点で恩恵ももたらしているのだ。

## 5 大企業――オープンイノベーション

新しいディープテック・イノベーション・システムをつくる第一歩は、大企業の旧態依然とした閉鎖的な研究開発プロセスを打ち破ることだ。「オープンイノベーション」の概念は２０００年代初めの流行語になった。これはもともとカリフォルニア大学バークレー校のヘンリー・チェスブロウが提唱し、クラウドソーシングなど、さまざまな自由な交流方法を含む概念だった。しかし日本では、M&A（合併&買収）などを通じて「アイデア市場」で発明や新技術を獲得するなど、グローバルに交流するために社内の研究開発プロセスを開放す

[9] https://fortune.com/recommends/investing/what-is-a-unicorn-company/

るという少し別の意味になった。また、現状の戦略に合わなくなった未利用特許を売却したり、外部や海外の技術者を雇用したりすることを指す場合もある。このオープンイノベーションへの移行に対して、伝統的な社内研究所は当初かなり抵抗した。しかし、人員削減や退職に伴い、技術者の間では徐々に昭和世代から次世代への交替が進んでいる。

少なくとも書類上は、多くの企業がオープンイノベーションを受け入れてきた。独自のCVC（コーポレート・ベンチャー・キャピタル）ファンドを立ち上げた企業も多い。最近行われた調査プロジェクトでは、2008年から2018年までの10年間で、日本のCVC投資は推定6億ドル（900億円）から22億ドル（3300億円）へと3倍以上に増大していた。また、1996年から2012年にかけて、日本企業はシリコンバレーのスタートアップ企業だけでも2000社以上に投資している。

とはいえ、スタートアップとの協業や買収への意欲において課題が残っている。ある試算によると、シリコンバレーでは、M&Aがスタートアップのエグジットの80%に及ぶ。アイデアや人材もろとも他社を積極的に買収する大企業が多いのだ。たとえば、アルファベット（グーグルの親会社）は1998年の創業以来、250社以上を買収してきた。2010年と2011年だけを見ても、平均で週に1社のペースで買収したとされる。[10]同様の動きは、アマゾン、メタ、シスコなどシリコンバレーの古株企業、バイオテクノロジーやヘルスサイエンス分野にも見ることができる。スタートアップが大企業に売却しやすい新製品や新サービス（シャローテックか、ディープテックかを問わず）を開発する方向をとる理由もここにある。こうしたことのすべてが新陳代謝を高めているのだ。

日本ではその逆で、スタートアップのエグジットのうちＭ＆Ａは20％程度とされる。残りはＩＰＯをする。その結果、平均公募価格は下がり、結果的に「ホームラン（大成功）」案件やユニコーンの数が減ってしまう。すると、ベンチャー・キャピタル（ＶＣ）の投資収益率が低下し、大問題とみなされることが多い。だからＶＣは合理的に考えて、１社に多額の資金を入れたがらなくなるのだ。

もっとも、アメリカですべての買収がイノベーションを促進しているとは限らない点に留意することは大切だ。むしろ、スタートアップが大企業の既存製品を脅かすから、つまり、小さなうちに競争の芽を摘むために買収する場合もある。特にバイオテクノロジーがそうだが、既存の特許が大企業に有利に働くエネルギーなどのディープテックにも当てはまる。ア

[10] https://en.wikipedia.org/wiki/List_of_mergers_and_acquisitions_by_Alphabet

ルファベット（グーグル）が芽を摘んだ企業を挙げた専用サイト「Killed by Google」まで存在するが、多くの場合、これはミスではなく、意図的に行われたものだ。このような意図的な破壊は「健全」でも「創造的」でもない。タイトな文化とルーズな文化がイノベーションの観点で異なる動きをする別の例といえるだろう。

それでもなお、大企業がイノベーション・エコシステムの中心的な推進力であることは間違いない。より活発な「アイデア市場」は、日本の進化するイノベーション・エコシステムの潤滑油として大いに役立つだろう。日本政府は「J－Startup」プログラムを新たに立ち上げて、大企業と有望なスタートアップを結びつけ、より多くの機会を創出し、国内で企業間の共創を促そうとしている。

## 6　スタートアップ企業とベンチャー・キャピタル

日本のスタートアップは野心が足りず、日本のVCはリスク回避的でサラリーマン的に行動し、バラバラに分散投資をすることが多いとよく言われる。今世紀の初めは確かにそうだったが、少なくとも離れたところから見ていると、この構造はすでに変わり始めている。

スタートアップに関しては、高度成長期が終わりを告げた1973年のオイルショック時点で、技術系スタートアップに対する昭和的な偏見が問題視されていた。しかし、中小企業基本法が改正され、小規模企業は政府の補助が必要な「負け組」ではなく、むしろ将来の成長の重要な呼び水だと再定義されたのは、1999年になってからだ。

2003年に導入された資本金1円で起業できる「1円株式会社」制度を皮切りに、イノベーション・エコシステムを育てるために、さまざまな法改正が行われてきた。過去20年間、日本政府はJ－Startupのような多額の資金提供や教育指導のプログラムだけでなく、インフラ整備や大学の選抜プログラムなどにも巨額の資金を投じてきた。現在、日本の主要大学のほとんどでアントレプレナーシップ科目を教えており、独自の投資ファンドを持つ大学もある。多くの官民連携プログラムによって、アクセラレーター、インキュベーター、スタートアップ向けワークスペースが急成長するなど、起業家がネットワークを構築し、資金提供や助言を受けられる機会が数多く用意されている。

スタートアップの面で、1990年代後半の就職氷河期はアントレプレナーシップの高まりをさらに加速した。というのも、大企業が大量採用しなくなり、多くの人材が何か有益なことをするために別の手段を探すことになったからだ。これが結果的に、世間のスタートアップの見方に影響を及ぼし、若い会社でキャリアを積むことのステータスが高まった。

日本のVC制度については、前述のとおり、伝統的に日本のVCは、計算ずくで大きなリスクをとって少数企業に多額の資金を入れるよりも、多数のスタートアップに少額投資をしてきた。スタートアップからすれば、実ビジネスを成長させることに集中するよりも、新たな資金調達に多くの時間をとられてしまうので、これは課題となる。VCにとっても、多数のスタートアップに少額投資すれば、個々の投資先の監督や指導を丁寧に行うことができない。VCの規律が行き届かなくなれば、スタートアップの成長は遅くなる傾向がある。

その両方が今、変わりつつある。国内のM&Aに関するデータでは、過去20年間にスタートアップを含む買収が急増している。こうしたエグジットが一般的になれば、平均投資額も拡大することが期待できる。図表17から、こうした状況がすでに起こりつつあることがわかる。棒グラフはVCの投資総額を示し、上昇傾向にある。ディール件数（実線）は減少しているが、投資額は増えている。平均ディール規模（破線）は着実に増えて最近では350万ドルを超えており、これは明るい動きだ。

シリコンバレーと比較すると、平均350万ドル（5億2500万円）は非常に小さく見える。しかし、これもまた、金融制度や期待の違いの表れにすぎない。絶対額で見れば、会

図表17　日本のVC：2012～2022年のディール件数、投資額、平均規模

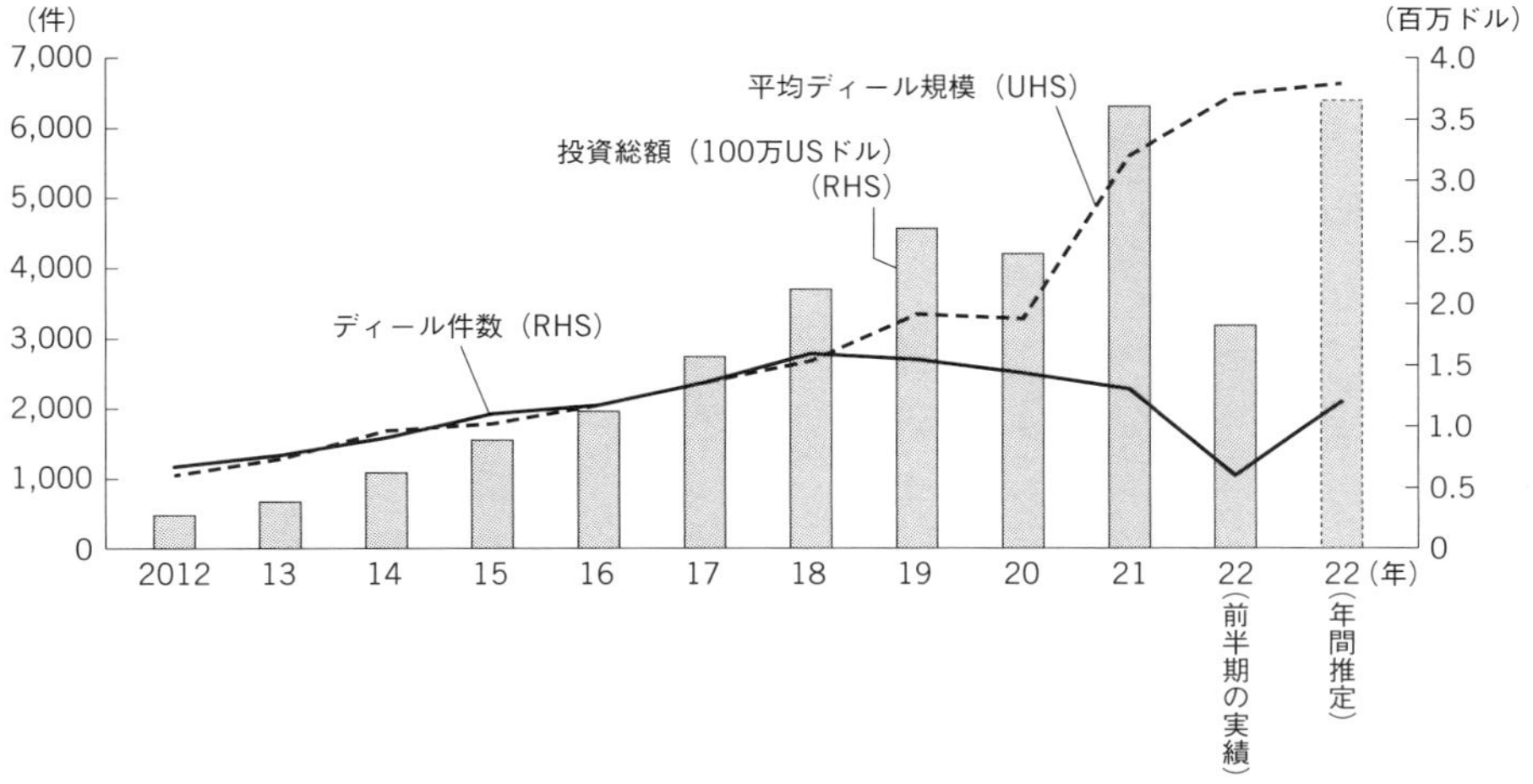


資料：ホワイト・スター・キャピタル編『日本のベンチャー・キャピタルの現状 2022』のデータをもとに筆者作成。

社を始める平均的なスタートアップにとって、ディープテックかシャローテックかにかかわらず、300万ドル（4億5000万円）は大金だ。日本の仕組みはゆっくりとではあるが着実に進化しており、シリコンバレーから遠ざかっているが、それは必ずしも悪いことばかりではない。

## 7　終身雇用制度のジレンマ

シリコンバレーのルーズな文化と日本との別の大きな違いは、カリフォルニアでは、起業家は捕食者さながらのハングリー精神と明確な目標を持ち、自分のアイデアの未来にすべてを賭けようという意識を持っていることだ。この考え方に立つと、失敗への恐怖心がイノベーションの原動力となる。一方、日本では逆の状況に見える。つまり、**失敗を恐れるあまりにイノベーションが阻害されている**のだ。したがって、日本のイノベーション・システムが起業家にある種の安全保障を与えて、より多くのリスクをとり、起業をめぐる不確実性を受け入れやすくすれば効果が出てくるだろう。

現在進められている日本の雇用システムの変化は、この課題の1つの解決策になるかもしれない。というのも、大企業は今、DXでより高度な専門スキルが必要とされる、まさにそのときに、人手不足と雇用の流動化という状況に直面しているからだ。優秀な人材を集めてとどめ置くという新たなニーズは、キャリア面での機会提供につながっている。とりわけ大企業では、雇用の安定を保ちながら、起業家精神旺盛な人材がイノベーションを探求する新しい道を切り開くことにより、イノベーション・システムにも人を送り込もうとする試みが行われている。その結果、日本のスタートアップのイノベーションをめぐる新しいビジョンは失敗に対する保険を伴ったものとなり、多くの日本人が好む安全第一の傾向にも合う可能性がある。

終身雇用制度には良い点がたくさんあり、アメリカの多くの経営陣にとって、従業員が自社との一体感や忠誠心を持って仕事に尽力する日本は羨望の的だ。チームワークと知識の共有というビジネス面での価値や、従業員の忠誠心を生み出す従業員教育の恩恵をそこに見いだしているのだ。従業員は取って代わられる不安がないので、新しい職務を引き受け、若い従業員を指導する。

しかし、良くないこともある。多くの日本人にとって、「メンバーシップ型」雇用制度はあまりにも硬直的で、束縛の多すぎるものになってきた。融通の利かない昇進制度は、優秀な人材が足止めを食らうことを意味する。経営が下手な企業では、自己満足に陥り、明らかに非効率的で馬鹿げたことさえある形骸化したルーティンを変えることができず、生産性が低下してしまう。

企業にとっても、終身雇用制度は高くつき、制約が目立つようになった。労働力を固定費化させ、不要な事業ラインをただ閉鎖することすら困難になるため、総じて変革は進まない。その一方で、人手不足の脅威が迫る中で、終身雇用は優秀な人材を確保する絶好の方法だ。交渉力はすでに従業員側に移っているので、企業はこれまでよりも優秀な従業員の希望に応じるようになっている。

企業にとって理想的な解決策は優秀な人材の終身雇用を維持しつつ、それ以外の人に流動的な雇用市場を提供することだろう。しかし、現実は正反対だ。つまり、労働力の流動性が高まり、優秀な人材の間ではジョブ型雇用制度に切り替える動きが顕著になっている。このジレンマが今、雇用のイノベーションへとつながっている。

## 8 「イノベーション・サバティカル」——雇用保障付き起業家精神

企業が人材を確保する解決策の1つに、「総合職兼業」と私が名付けた新制度がある。これは実際には、2019年の働き方改革の法改正に伴うもので、正社員が2社で一時的に働くことができる。副業を持つギグワーカーではなく、総合職の正社員が対象だ。こうした総合職兼業は、大学の教員に与えられる長期休暇「サバティカル」の取得とみなすことができる。また、第2の雇用先がスタートアップだったり、従業員が自ら起業したりする場合は「イノベーション・サバティカル」と考えればよい。スタートアップが成功すれば、従業員はいずれ退職するかもしれないが、失敗したとしても、異なる経験を積み、失敗から多くを学んだ状態で元の雇用先に戻ることができる。

同時に2つの主要雇用先で働けるのは、国際的に見ても非常に珍しい制度だ。知的財産や忠誠心だけでなく、給与や年金なども含めて、さまざまな問題が生じることがネックになるため、日本でもこの制度は大きく広がらないかもしれない。しかし、たとえ小さなままでも、将来のイノベーション・システムをめぐる実験が垣間見える点で重要だ。

今この瞬間、総合職兼業制度は新たな雇用制度やイノベーション・システムへの移行に役立っているように見える。イノベーションで実験する自由度を与えることで、優秀な人材が集まってくるからだ。従業員の経験は、新しい考え方や社内のカルチャー変革においても重要な意味を持つだろう。従業員にとってもサバティカルの経験は面白いだけでなく、暗黙の雇用保障によって失敗の代償や恥も軽減されるので重宝する。

この制度は起業家になる選択肢に安定性をもたらす。長い目で見れば、起業を志す人の増加につながるかもしれない。言い換えると、総合職兼業制度は日本で新しいスタートアップの波を起こすきっかけになりうるのだ。

この制度をすでに試している企業もある。たとえば、パナソニックは2018年にいち早く「サバティカル」制度を導入し、最長で5年間休職し、成功か失敗かにかかわらず当初の仕事に戻れるようにした。村田製作所は2020年に従業員がスタートアップに参加できる「武者修行」制度を始めた。スタートアップの経営方法を学んだり、スタートアップ・コミュニティで新しい人脈作りをする傍らでも、自社の新しい「ボックス4」事業を探索できるという考えに立つ。ここで挙げたのは2社の事例にすぎず、今ではこのような制度を導入した企業のニュースを頻繁に見聞きするようになっている。

オープンイノベーションの機会を提供して、こうしたガイド付きスタートアップへの道を支援する新しい仲介業者も登場している。たとえば、２０１３年に設立されたパロアルトのワールド・イノベーション・ラボ（ＷｉＬ）は、ＣＶＣファンドと大企業の従業員向けのイノベーション・トレーニング・プラットフォームが組み合わされたものだ。大企業の正社員はイノベーション・サバティカルの期間に、ひとりで起業に挑み続けるか、日本の元の会社に戻るかという選択肢を持ちながら、シリコンバレーの環境にどっぷりつかって、スタートアップのアイデアに取り組むことができる。これまで日本からの数千人の参加者がエンパワーメントとマインド変革のワークショップを体験してきた。

起業家にセーフティネットを提供する方向性への別の動きとして、従業員が辞めた後も自社のネットワークにとどめるようになってきた。これもリスクをとる人に暗黙のうちに仕事の機会を提供する１つの形だ。

昭和時代に脱サラした人は「脱落者」とみなされ、元の会社とのつながりは完全に断たれることが多かったが、今は違う。たとえば、リクルートやＤｅＮＡは、起業したいと思う従業員を支援し、万が一失敗した場合にも、彼らが活用できるネットワークを用意している。この風通しの良さによって、優秀な大卒者がリクルートに集まってくるのだ。全体として、このように人材に対する企業の見方が変化していることは、リスクをとる意欲を高め、日本独自のイノベーション・スタイルの成長を促進している。

## 9 日本の独自モデルに向けて

日本のイノベーション・システムは、ゆっくりとだが着実に進化している。繰り返しになるが、遅いからといって停滞しているのではない。20年前と比べれば、システムはすでに大きく進化している。日本は「遅れている」と考える人々は、シリコンバレーと比較してそう言うのだが、これは誤解を招く。日本のようなタイトな文化の仕組みと、シリコンバレーのようなルーズな文化の仕組みを比較することは、リンゴとオレンジを比較するようなものだ。それよりも、日本は国民の夢や希望、社会全体の志向性に合った独自のシステムを構築しようとしている。そういう日本ならではの良さを評価すべきだ。

日本がシリコンバレーのようになれないのはシリコンバレーのシステムが「ワンパッケージ」でつくられているからだ。一部だけ（ＧＡＦＡなどの成功ばかり）採り入れて、他の部分（多くの失敗、過度な所得格差など）は一切要らない、というわけにはいかない。スピードを速めたいけれど、同時に、倒産件数は減らしたいというのは虫の良い話だ。過剰な資金供給や尋常ではない企業価値評価を省きながら、ユニコーンを持つことはできない。

日本のイノベーション・システムはシリコンバレーに比べて新陳代謝が遅く、大成功した事例も少ない。おそらく、そうした傾向はずっと変わらないだろう。むしろ、長期的にはディープテックや、よりバランスのとれたスタートアップ創出の手法で、日本に軍配があがるようになるかもしれない。その手法は起業家の雇用保障を伴うものであり、より多くのリスクをとって、なおかつ終身雇用制度を継続することが可能になるかもしれない。

この章では、ごく一部の事例を挙げて、日本がどのように独自のイノベーション・エコシステムをつくろうとしているかを見てきた。労働者が仕事の焦点を変える力を強める中で、大きな変化が起こっており、企業としても確実に従業員を最大限に活用することへの必要性が一層高まっている。旧来のメンバーシップ型雇用は徐々に廃止されつつあり、それに伴って、個々のキャリアパスや積極的な雇用の流動化に関する機会が増えているのだ。日本は再浮上する中で、欧米とは違った形をとり、世界に貢献できるイノベーション・タイプで、異なるトレードオフと異なる強みを持つようになるだろう。

# 第9章

# 結論　「シン・日本の経営」の出現

## 1　日本に対する見方を変える必要がある

本書では、日本を分析する場合に、うまくいっていることよりも、問題ばかりをあげつらう「見方」を変えることを論じてきた。その目的は、いま蔓延している悲観バイアスを排することにある。日本の優れた大企業の取り組みを見れば、今日の日本が前進しているという洞察がより明確になる。また、タイトな文化の国という観点で現行の変革を分析すれば、遅いことが停滞ではないことがわかってくる。遅いことは変革を進めながら社会を打撃から守る意図的な選択なのだ。

日本は今、欧米に首尾よく追いつき、独自のアイデンティティと進むべき道を見つけようとしている国だと捉えることができる。第二次世界大戦後、欧米の製造工程や技術を模倣するのに、1960年代から30年かかった。バブル崩壊とそれに続いて起こった金融危機は従来の仕組みに大きな衝撃を与え、変革が始まった。1990年代から2000年代初めのこの時期は、思春期ともいえる。そして今、新たな道が明らかになりつつある。後を追いかける国から、追われる国へと変化しているのだ。そこで求められるのは競争に勝ち残るための新戦略だ。再興プロセス（大人の始まり）に入って10～15年経った今、その成果が見え始めている。

ここまでの章で取り上げた主なポイントをおさらいしよう。

●日本企業は、ＤＸや東アジアでの新しい競争など、旧来の日本のビジネスモデルを無効にする5つのショックに直面している。こうしたショックをチャンスとして認識できる企業は、すでに新たな成功の波に乗りつつある。

●技術先進国としての日本の役割を考えれば、競合他社を先行し続ける最も明白な道は、最先端技術で飛躍的イノベーションを生み出すことだ。これはすでに実現しつつあり、日本企業は今日、小規模な場合もあるが４００を超える市場で圧倒的な世界シェアを誇っている。それを実現させているのが「舞の海戦略」である。世界、特に東アジアの競合他社に先行し続けるかぎり、日本企業は成功するだろう。

●国際競争ポジションを示すバブルチャートのバブルを構成する企業の特色について感触をつかむために、21世紀初めの日本で最も収益性の高い「７Ｐ」企業について見てきた。こうした企業は舞の海のような先頭ランナーであり、明確な戦略、利益重視、効率性や生産性、イノベーションに対する特定のタイプのリーダーシップとマインドに共通点があった。

●戦略意思決定プロセスを視覚化するためには、両利きの経営の枠組みの基礎となっている2×2の「イノベーション・ストリーム・マトリックス」を活用できる。ほぼすべての業界で企業が長期的に生き残るためには、新しい技術や新しい市場を常に探索する必要がある。

●経営変革の観点から見ると、日本の変革はタイトな文化の国で起こっている。「タイト・ルーズ」の枠組みから、変化のスピードの遅さはトレードオフの結果によるものだとわかる。それは、日本社会が安定し、安全で、比較的平等な社会を維持するために甘んじて支払っている代償だ。

●再浮上し技術リーダーになるための企業カルチャーの変革は、日本というタイトな文化の国で行うことになる。一定の体系的な段階を踏む必要があるにせよ、日本企業の行動パターンを変えることは間違いなく可能だ。LEASHモデルはこの課題に対する取り組み方を示している。

●再浮上への最終段階はイノベーションへの新しい取り組み方だ。大企業は研究所をよりオープンなイノベーションに向けて再編している。スタートアップ創出の仕組みはゆっくりとだが着実に育ってきている。シリコンバレーは日本にとって良いお手本ではない。日本のスタートアップ創出の仕組みはむしろ独自の形で進化している。失敗の代償を削減することや、日本社会により適合した「イノベーション・サバティカル」などの新しい雇用形態もそこに含まれる。

現在進行形の変革はゆっくりとだが着実に進んでいる。遅いことには良さもある。昭和時代の古い企業（ＪＴＣ）とはまったく異なる、新タイプの「ＫＡＩＳＨＡ」（シン・日本の会社）が出現しつつある。それに応じて日本企業に対する世界的なイメージも変わり始めている。トップリーグの日本企業が再興の原動力であり、こうした企業が再編に成功すればするほど、後れをとった企業は分が悪く見えてくる。旧態依然とした企業も残っているとはいえ、変革できない言い訳はもう出尽くした。21世紀半ばに向けてアップデートしなくてはならない圧力をじわじわと感じている企業が増えている。

## 2　本書の見方に対する辛口コメントについて

2023年初めに、私はユーチューブを用いた新しいメディア組織「PIVOT」の取材を受けて、日本のタイトな文化と「舞の海戦略」について語った。その様子を収録した「日本の〝遅さ〟は強みになる」と「日本企業は〝舞の海〟から学べ」という2本の動画は、ユーチューブで公開された[11]。特に初回動画は評判が良く、130万回以上再生され、750件以上のコメントがついた。

コメントは非常にありがたく、本書の執筆時に大いに参考になった。最も重要なフィードバックとして印象に残ったのが次の2点だ。①あまりにも楽観的で、日本の抱える問題が見えていない。②昭和の伝統的企業（JTC）や日本全体に対し、変わる必要はないとする言い訳を提示している——というものだ。

### ①楽観的すぎる「日本愛好家」？

私が本当に日本のことを理解しているのか、あるいは、なぜこれほど日本を「愛して」いるのかと、疑問を呈する読者が多いかもしれない。実のところ、私は日本にぞっこんというわけではない。定期的かつ頻繁に来日するが、日本で暮らすことは選択しなかった。エクセル・ファイルをまるでワード文章フォーマットのように変な使い方をすること、昭和スタイルの管理職、また時には、何事にも時間がかかることなど、日本滞在中はうんざりしたり苛立ったりすることが多い。

その代わりにカリフォルニア大学サンディエゴ校でビジネスを教えている。社会科学者としての私の目標は、日本が行っている選択やトレードオフを理解し説明することだ。また、研究者として、社会やビジネスが行うトレードオフを理解したいから、日本でうまくいっていることを重視して研究することを選んできた。その研究の目標は、日本の弱みではなく、強みから学ぶことだ。これは研究デザインにおける意図的な選択である。

言うまでもなく、日本には多くの深刻な問題があるが、それはどの国でも同じだ。日本の高齢化や人口減少、政府の債務、信頼に足る意思決定ができないリーダーの多さ、地方の過疎化、特定分野での競争力の喪失などは周知のとおりだ。おそらく最も重要なのが、日本が

[11] https://www.youtube.com/watch?v=CsNl7P8OZFQ、https://www.youtube.com/watch?v=uB45-xN48Hk

前進していくために、多くの企業や場所でスピード感とイノベーションが求められていることだ。どれも深刻な問題で、かつ、紛れもない事実である。

こうした問題からただ目を背けて、すべてが順調にいくはずがない。明らかに、日本は順風満帆ではなく、改革を必要とすることが多い。しかし、それは別の本や研究で書くべきテーマである。また、本書の内容が日本や日本企業についてほぼ肯定的だからといって、問題点を見ていないということではない。私が試みたのは、30年間も停滞し否定的な見方だらけなのに、なぜ日本はそこまで困窮していないかという疑問を解明することだ。そしてたどり着いたのが、**スピードの遅さは日本社会が行った合理的な選択によるものであり、長期的には優位性になりうる**という答えだ。

日本の若者にとって「遅さ」はフラストレーションになってきた。社会全体が小康状態を保ちすぎていると考える人さえいる。しかし、スローモーションで終身雇用を社会の変化に適応させ、適応するチャンスを全員に与え、大量失業と社会的苦痛の危険性を減らすことは、意図的な政治的判断である。また、見たところ、この選択は善しとされているようだ。なぜなら、抗議行動はほとんど起こらず、労働組合の活動も限定的で、ほとんどの間、自民党政権が続いてきたからだ。

どの国にもそれぞれ問題はある。アメリカにはアメリカの、日本には日本の問題がある。しかし、考えてみてほしい。あなたが受け入れるのは、どちらの国の問題だろうか。

## ②日本が変われないことへの言い訳を提示している？

これは非常に重要な論点であり、同僚や視聴者からの指摘に大いに感謝している。本書の目的は、変革できない言い訳を提示することではない。「あなたのせいではないですよ。一生懸命に頑張りましたね」と、幼稚園の先生が言うのとは訳が違う。企業はやはり変革に取り組まなければならない。ただし私見としては、ゆっくりと進めても構わないし、何もしないよりもマシであることは間違いない。

日本のタイトな文化は変化に対する盾ではない。本書に込めたのは、経営陣が肩の力を抜いて、日本はなんと素晴らしいのかと自画自賛できるというメッセージでも、はたまた、日本がタイトな文化の国だから変化が不可能だということでもない。

それとはまったく逆だ。7Pの特色を持つ日本企業も、バブルチャートを構成していた、「舞の海戦略」をとるリーダー企業も立ち止まったままではない。パラノイアのように危機意識を持って経営するのには理由がある。こうした企業は競争心がきわめて強く、決して満足せず、じっとしてはいられないのだ。

したがって、本書では変化しないことへの言い訳を書いたつもりはない。むしろ、日本人はもっと自分自身や自らの変わる力に自信を持つべきだと言いたい。変わろうと思えば、あなたも日本も変われる。日立のような巨大な老舗企業が変革できるなら、どのような大企業でも変われる。楽天やDeNAのようなスタートアップがグローバルで戦えるなら、ほかの企業も戦えるのだ。ファナックが半世紀以上にわたってロボットやFA機器の世界的リーダーであり続けられるとすれば、他の日本企業も同じくトライすべきだろう。

## 3　日本には数多くの改革者がいる

前著『再興　THE KAISHA』や取材動画に対して多くの好意的な反応があり、とても励みになった。データ分析に基づき、単なる価値判断ではなく合理的な評価を通じて、日本の「隠れた良さ」を取り上げることで、希望を分かち合いたいと思っている。日本はアメリカとは異なっており、その違いは特定の事柄において長所になりうるのだ。

どのような成長戦略でも、既存の強みを活かすことから始めたほうがよい。バスケットボールでピボットするときには強い足を軸足にする。ビジネスでも、負債よりも資産を重視したほうがはるかにピボットしやすい。したがって、日本は過去20〜30年の「停滞」の間も着実に成長してきたという観点から、日本を見ていくべきだ。日本の失業率は他のOECD加盟国よりもはるかに低い。人々は勤勉かつ誠実に働き、高いスキルを持たない人でもパートタイムの仕事を見つけることができる。多くを望みすぎなければ、一部のパートタイムの仕事は終身雇用に転換されることもある。社会は混乱状態にはないし、大きな社会的な分断もない。社会のセーフティネットは充実し、国土は美しく、都市は清潔で安全だ。これらはすべて大きな成果といえる。

変化が起こるスピードが遅く、再浮上を目にするまでに30年以上かかったのは、過失、政治的な行き詰まり、複雑すぎる手続きや規制にも原因がある。しかし、それも1つの選択だ。変化が遅いのは、必ずしも日本人が怠け者や無能だからではない（そういう場合もありうるが）。多くの場合は、社会の好みが反映されているからであり、このスピード感にはある種の合理性がある。日本には静かな改革が適しているのだ。

イノベーションについて議論するとき、シリコンバレーとその根底にあるアメリカの経済システムは、多くの日本人にとってほぼ「神の福音」も同然だ。私の好みから言えば、それは過大評価で、日本が学べる点を強調しすぎており、このシステムが課す代償を十分に評価していない。アメリカのシステムは、日本社会にはあまりにも荒々しく過酷だ。いいとこ取りだけというわけにはいかない。日本がシリコンバレーのようになりたければ、そうしたマイナス面も受け入れなければならないだろう。

現在進行形の変革で中心となっているのは人間だ。まず、経営陣の中に、新しいタイプのリーダーが現われ、企業カルチャー変革の先頭に立っている。企業、官公庁、社会全体のあらゆるレベルで改革者が現れている。彼らが成功しているのは、「3つのうち2つ」という変革の原則を用いているからだ。つまり、日本で真の変革を実現させるためには、自分も確立された体制側の一員でなければならないことを直感的に理解しているのだ。その確立された権力構造のもとでうまく進んでいくためには、日本企業の行動様式（カルチャー）に従わなければならない。ただし、礼儀正しく適切であるかぎりは、迷惑をかけても変革を推し進められることも心得ている。

日本を前進させているのはこうした改革者だ。私はこれまで多くの改革者に会ってきたが、その数は増えているように見える。彼らは企業や官公庁で働いていたり、学生やスタートアップの起業家だったり、経営陣、コンサルタント、弁護士、銀行員、証券マンだったりする。日本には改革者がたくさん存在し、幸いなことに、彼らは粘り強くもあるのだ。

## 4　バランスをとって繁栄するシン・日本――日本には希望がある

おそらく今の日本の最大の課題は「絶え間ない悲観と憂鬱」とでも呼ぶべき考え方が蔓延していることだろう。もちろん、日本ではへりくだった言葉使いが礼儀正しく思いやりがあることだと広く考えられている。メディアはそれに輪をかけて否定的な伝え方をする。良いニュースを報じるときでさえ、「こうした良いニュースは長くは続かない……」、「高い株価は危険にも見える……」、「この会社の成功が長続きするかどうかは不透明だ……」というように、必ずと言ってよいほど後ろ向きのトーンで終わる。確かにそうかもしれないが、悲観論が延々と続けば気が滅入ってしまう。

同じことを何度も口にすれば、やがてそれが「真実」になる。日本の「就職氷河期」世代には祝うべきことがほとんどなく、悲観的になりがちだった。このように常に暗いトーンで語られるせいで、日本の強みはとかく見過ごされ、イノベーションのエコシステムを含めて、最近の改善状況はほとんど注目されていなかった。これがあまりにも長く続いてきたので、良いニュースがあっても、日本人を含めて、ほとんどの人がそれを信じきれずにいる。

この難題に加えて、こうした報道が瞬時に英語に翻訳されるという現実がある。このため、世界中が常に「日本は劣勢だ」とする記事を読んでいる。アメリカ人はこれを真に受けて、日本の扱いは、いわゆる「ジャパン・パッシング」となる。外国の新聞でさえ、この「常に暗い」日本観を採用してきた。世界的に見ても、これは重大なPR上の課題であり、当然ながら多くの日本人にとって憂鬱なことだ。良いことも悪いことも含めて、もっとバランスのとれた見方に変えられるとよいのだが。

昭和時代から、日本人の多くは世界をモデルやランキングで構成されるものとして捉える傾向があった。この考え方に立つと、日本はアメリカのような他のモデルに追随するか、追随されるモデルになるか、ということになる。1979年に、ハーバード大学のエズラ・ヴォーゲル教授が『ジャパン・アズ・ナンバーワン』という書籍を出版すると、多くの人が興奮した。これは日本に具体的な目標を与えた。しかし、この種の考え方は実のところ少し奇妙で古臭い。

21世紀において重要なのは、世界1位の経済大国になることよりも、経済成長と社会の安定とのバランスをうまくとっていくことだ。経済的な生産活動と環境の持続可能性を両立させ、企業の進歩やイノベーションと人々の幸福を共存させることが、ますます重要になっている。この新しいバランスのとり方を見つけられれば、より良い資本主義に向けて日本は他の国々の先頭に立てるだろう。新しいバランスやより良い資本主義を目指すリーダーシップは、これまでとは異なるタイプの「ナンバーワン」となるリーダーシップである。数値化するのは難しいが、これからの世界ではどの社会においてもはるかに重要な意味を持つだろう。

この新しいバランスを見つけるために、日本は未来に向けて独自の道を切り開いていく必要がある。その道とは、先進国経済に対する願望やニーズと、高度な教育を受けた人々が暮らす社会の願望とニーズとのバランスをとることだ。しかも、アメリカはもはや、日本にとってのお手本でも、追い越そうという野心を抱く対象ですらない。というのも、経済や社会だけでなく政治の面でも、アメリカはまったく異なる道を歩んでいるからだ。

したがって、日本は独自の道を模索する必要がある。その第一歩は、日本の長所と短所をトレードオフの関係として新たに認識することだ。日本人と日本経済にとって真に重要な目標に優先順位をつけて、良いところをより良くし、悪いところを克服することに集中することが、日本の将来の道を担うための戦略的な進め方になるだろう。

これが実現して、日本の若者が新たな希望や大志を抱き、小規模だったり他の国とは違うことに自信をつけてもらいたい。さらに言うと、この自信は、単に電車が定時運行する以上のものであってほしい。理想を言えば、ビジネス戦略においても、社会においても、日本が意図的に取捨選択することで、日本人の志向性を反映したビジネスや社会的な成果につながってほしい。また、これはすでに密かに起こっていることだと思う。日本には希望がある。

**ウリケ・シェーデ** Ulrike Schaede

米カリフォルニア大学サンディエゴ校グローバル政策・戦略大学院教授。日本を対象とした企業戦略、組織論、金融市場、企業再編、起業論などが研究領域。一橋大学経済研究所、日本銀行などで研究員・客員教授を歴任。9年以上の日本在住経験を持つ。著書に*The Business Reinvention of Japan*（第37回大平正芳記念賞受賞、日本語版：『再興　THE KAISHA』2022年、日本経済新聞出版）など。ドイツ出身。

**渡部典子** わたなべ・のりこ

慶應義塾大学大学院経営管理研究科修了。訳書に『両利きの経営』（東洋経済新報社）、『再興　THE KAISHA』、『バフェット　伝説の投資教室』（日本経済新聞出版）、『テクノロジー・バブル』（日経BP）、『グローバルビジネスの隠れたチャンピオン企業』（中央経済社）などがある。

日経プレミアシリーズ｜508

# シン・日本《にほん》の経営《けいえい》

二〇二四年三月八日　一刷
二〇二四年四月一日　二刷

著者　ウリケ・シェーデ
訳者　渡部典子
発行者　中川ヒロミ
発行　株式会社日経BP
　　　日本経済新聞出版
発売　株式会社日経BPマーケティング
　　　〒一〇五―八三〇八
　　　東京都港区虎ノ門四―三―一二
装幀　ベターデイズ
組版　マーリンクレイン
印刷・製本　中央精版印刷株式会社

ISBN 978-4-296-11877-9　Printed in Japan

日経プレミアシリーズ498

## パナソニック再起
## 2030年への新・成長論

日本経済新聞社 編

持ち株会社制への移行を機に、矢継ぎ早に変革の手を打つパナソニックホールディングス（ＨＤ）。事業会社への権限委譲で現場が自律的に動き出し、かつての輝きを取り戻そうとしている。「松下幸之助流」を現代に適合させながら、日本企業の新しい形を模索するパナソニックＨＤの実像を、最前線の取材記者が描き出す。

日経プレミアシリーズ496

## 半導体超進化論

黒田忠広

１９８８年に50％あった日本企業の世界シェアが今では10％。この30年間に世界の半導体は年率５％超の成長を遂げたが、日本はまったく成長できなかった。日本は何をすべきか。日本の半導体戦略をリードするキーパーソンが、新しい半導体の世界と対応策を活写。

日経プレミアシリーズ476

## 『失敗の本質』を語る

野中郁次郎＝著　前田裕之＝聞き手

ベストセラー『失敗の本質』はどのようにして誕生し、『アメリカ海兵隊』『戦略の本質』『国家戦略の本質』『知的機動力の本質』『知略の本質』などへと展開していったのか。本書は野中氏がリーダーとなった戦史研究を俯瞰し、どのように研究を深め、自身の経営理論とどうリンクしてきたのかを、自ら解説するもの。著者が自らの知識創造の軌跡を解明する試みでもある。